日本労働法学会誌103号

雇用政策法の基本原理
——能力開発, 雇用保険, 公務員制度を手がかりに——

日本労働法学会編
2004
法律文化社

目　次

〈シンポジウム〉
雇用政策法の基本原理
　　——能力開発，雇用保険，公務員制度を手がかりに——

〈報　告〉
雇用政策法 ……………………………………………………森戸　英幸　3
　　——労働市場における「個人」のサポートシステム——
雇用政策法と職業能力開発…………………………………両角　道代　19
公務員の勤務形態多様化政策と公法理論…………………下井　康史　36
雇用保険法制の再検討 ………………………………………藤原　稔弘　52
　　——基本原理に基づく制度の再設計——

〈シンポジウムの記録〉
雇用政策法の基本原理 ………………………………………………………　71
　　——能力開発，雇用保険，公務員制度を手がかりに——

〈回顧と展望〉
構造改革と労働法制…………………………………………浜村　　彰　105
労働者派遣法…………………………………………………矢部　恒夫　117
有期労働契約…………………………………………………大山　盛義　125
解雇法制 ………………………………………………………紺屋　博昭　134
　　——解雇ルールは明確にされたか？——
裁量労働制……………………………………………………勝亦　啓文　142

日本学術会議報告 …………………………………………浅倉むつ子	151
日本労働法学会第106回大会記事 ………………………………………	154
日本労働法学会第107回大会案内 ………………………………………	157

雇用政策法の基本原理
―― 能力開発，雇用保険，公務員制度を手がかりに ――

雇用政策法――労働市場における「個人」のサポートシステム　　　森戸英幸

雇用政策法と職業能力開発　　　両角道代

公務員の勤務形態多様化政策と公法理論　　　下井康史

雇用保険法制の再検討――基本原理に基づく制度の再設計　　　藤原稔弘

雇用政策法
——労働市場における「個人」のサポートシステム——

森 戸 英 幸
(成蹊大学法科大学院)

I　はじめに——雇用政策と雇用政策法

　「雇用政策」あるいは「雇用政策法」の明確な定義は存在しない。実定法上唯一「雇用政策」の文言が登場するのは，厚生労働省職業安定局「雇用政策」課の事務について定める厚生労働省組織令（73条・75条）のみである。ちなみにこの課の主な仕事は雇用対策法の定める雇用対策基本計画の策定である。

　雇用政策法は，一般には，漠然とではあるが，個別的労働関係法，団体的労使関係法に続く，労働法第3の分野と考えられている。この分野は，労働市場（の）法，雇用保障法などとも呼ばれている。

　本稿における「雇用政策法」も，基本的には，労働市場法，雇用保障法などと呼ばれる分野を指す。ただし「政策」という文言からもわかるように，労働市場を一定の方向に導くために国家が労働市場に介入する，その際の手段としての立法，という視点が基本となる[1]。

　この定義からすれば，雇用政策法の立法過程は以下のようなものになるはずである。第1に，労働市場がどうあるべきかという方向が設定される。第2に，その方向に労働市場を導くために立法または法改正が行われる。以下この流れに沿って検討を行う。

1）　同様のアプローチを取るものとして，黒川道代「雇用政策法としての職業能力開発(1)」法協112巻6号（1995年）760頁以下，諏訪康雄「労働市場法の理念と体系」講座21世紀の労働法2巻（2000年）3頁など。

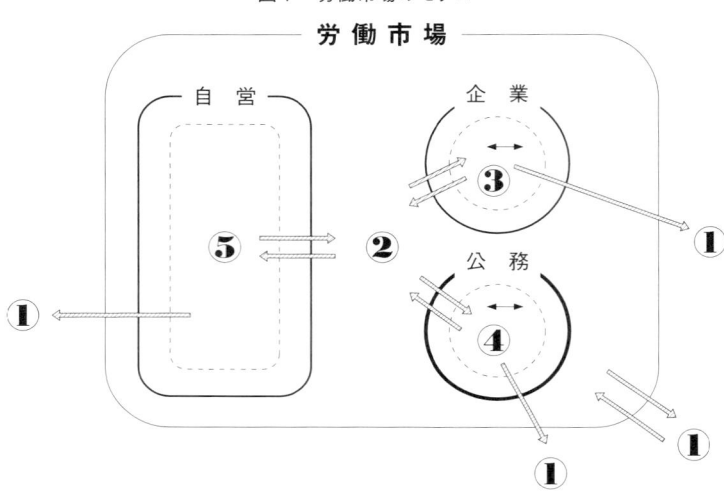

図1 労働市場のモデル

エリア❶：労働の意思または能力が欠けている状態
エリア❷：労働の意思も能力もあるが職業に就けていない（＝失業）状態
エリア❸：私企業に雇用されている状態
エリア❹：公務に従事している状態
エリア❺：自営業に従事している状態

Ⅱ 労働市場の現状と課題

　そこで，まずは「労働市場」をイメージしなければならない。本稿では「労働市場」を図1のようなモデルで考えてみることにする。

1 労働市場のモデル

　労働市場では，以下の表1のようにこれらエリア間で様々な労働「移動」が起こる。なお，失業せずに転職先がすぐみつかったり，すぐ独立したりという場合も，図1では形式的に（一瞬だけは）エリア❷を通過しているという前提で矢印が描かれている。
　図1において各エリアが点線で二重になっているのは，いわゆる労働市場の

表1　労働市場での「エリア間移動」

移動元	移動先	
エリア①	エリア②	労働市場に参入，求職・創業準備活動に従事
エリア②	エリア①	求職活動を断念し引退，あるいは再起を期して能力開発・休息
	エリア③	求職活動が成功，民間企業に就職
	エリア④	求職活動が成功，公務員として就職
	エリア⑤	失業状態を脱し，自営業者として開業
エリア③	エリア①	民間企業を退職し引退，あるいは再起を期して能力開発・休息
	エリア②	民間企業を退職し，求職・創業準備活動に従事
エリア④	エリア①	公務を退職し引退，あるいは再起を期して能力開発・休息
	エリア②	公務を退職し，求職・創業準備活動に従事
エリア⑤	エリア①	事業継続を断念し引退，あるいは再起を期して能力開発・休息
	エリア②	事業継続を断念し，求職・創業準備活動に従事

二重構造を示したものである。比較的定着率の高い，「コア」となる正社員と，それ以外の，比較的移動率が高い，短時間雇用者・有期雇用者（「ノン・コア」）——この構図は実は私企業だけのものではない。公務員にも，正規職員と非常勤とが同じような関係で存在している。いわゆる外郭団体を含めて考えることもできるだろう。また自営業についても，出入りの激しい業種（たとえばラーメン屋？）とそうでないものとがあるはずである。

　また，労働市場にはいわゆる外部労働市場と内部労働市場があるとされる。本稿における検討の中心は外部労働市場での労働移動であり，内部労働市場での移動はモデル図から省かれている。しかしもちろん内部労働市場の問題も考察対象の一部である。

2　労働移動の現状と将来

　労働市場における，表1のような様々な方向への労働移動は，現在どのような状況であり，これからどのようになると見込まれるのか。雇用政策研究会報告「雇用政策の課題と当面の展開」（2002年7月）は，以下のような分析を行っている。

シンポジウム（報告①）

　第1に，エリア❷，すなわち失業者の状況をみると，失業率は依然として5パーセント台である。非自発的失業者が自発的失業者数を上回り，その差が拡大している。失業期間長期化の傾向もみられる。

　第2に，エリア❸，すなわち有職者についてみると，フリーターなど短時間雇用者が増加し，常用雇用者数の割合が低下している。他方で，特に若年層を中心に，転職希望率は過去最高水準となっている。しかしそれに見合った自己啓発を行う機会がない，余裕がないという声も同時に強く上がっている。

　第3に，エリア❺の自営業者数は減少傾向にある。高齢化などにより廃業数が増加しているが，それに見合った新規開業がない。

　前掲の雇用政策研究会報告は，一定の条件の下，今後5年間で労働移動の年平均は379万人（2000年は323万人），うち産業間移動は201万人（2000年は164万人），うち産業内移動は178万人（2000年は158万人）と分析している。つまり，中期的に労働移動が増加傾向で推移するという見通しである。

Ⅲ　雇用政策法の基本原理

　では，労働市場はどうあるべきなのか。雇用政策法が依拠すべき原則とはなにか。

1　労働市場における「移動の自由」

　結論から言えば，図1に示したような様々な「移動」がスムーズに行われるのが理想的な労働市場といえる。その者が望めば，基本的にはどのエリアからも他のエリアに移動できる，それが望ましい。その意欲を阻害するもののないのが労働市場のありうべき姿である。労働市場における「移動の自由」を確保すること，それが雇用政策法が労働市場に介入する目的であることになる。

　これは憲法上の要請といえる。自らが望んだ就労形態で働く自由が保障されるということは，幸福追求権（13条）及び職業選択の自由（22条1項）の一部と言える[2]。また国民がすべて適切な労働の機会を得られるようにすべきであるという，勤労権の保障（27条1項）の一環でもある[3]。憲法22条1項は居住・移転

の自由と職業選択の自由をならべているが，これは職業選択の自由というのは要するに労働市場内部における居住・移転の自由というべきものであるからであろう。

なお，憲法27条1項の勤労権については，これを労働者の「適職選択権」ととらえ，そこから「雇用保障法」の概念を提唱する有力な見解がある[4]。適職選択の自由を実質化することこそが憲法の要請である，という雇用保障法の主張は，本報告が重視する「労働市場における移動の自由」と，基本的な出発点としては大きく異ならない。ただその適職選択の自由を実質化するための手段はなにか，具体的になにを目指すか，という点については，雇用保障法は，労働者の「移動の自由」よりも，すぐ後で述べる「定着の自由」を重視しているように思われる。

重要なのは，移動の自主性・自発性，すなわち「あくまでも，その者が望めば」という限定である。仕事をしたい，転職したい，独立開業したい，という個人の意欲をサポートする。その意欲をことさらに阻害するものは除去する，ということであって，一定の方向への労働移動をことさらに「促進」する必要まではない。つまり裏を返せば，「移動」を望まない者が無理矢理移動させられることがない，というのもまた労働市場のあるべき姿であるということになる。換言すれば，労働市場の中のあるエリアへの「定着」を望む者をサポートするのもまた雇用政策の目的といえる。

2 これまでの雇用政策法

戦後からこれまで，雇用政策法の重点，つまり労働市場介入の基本原理は時代とともに変化してきた[5]。終戦直後は大量の失業者の救済（職業安定法，緊急失業対策法）。高度経済成長期には産業構造転換に対応するための労働力流動化と技能労働者養成（職業訓練法，雇用対策法）。石油ショック後の低成長期には失

---

2) 諏訪・前掲注1)論文14頁以下。
3) 菅野和夫『労働法（第6版）』（2003年）18頁以下。
4) 代表的なものとして，片岡昇「『雇用保障法』の概念について」有泉古稀記念『労働法の解釈理論』（1976年）490頁以下。
5) 黒川・前掲注1)論文761頁。

シンポジウム（報告①）

業防止と雇用安定が前面に（雇用保険三事業創設など）。そして1980年代から現在までは，雇用形態の多様化への対処であった（労働者派遣法，職業能力開発促進法，パートタイム労働法など）。

　もちろん，その時々の労働市場における緊急課題を無視することはできない。今後も臨機応変な対応が必要であろう。ただ，そうであるとしても，労働市場における移動の自由を尊重するという基本原則は将来的にも変わることはないはずである。

　このような観点からすると，これまでの雇用政策法は，エリア②からエリア③への移動を促進し，エリア③への定着を図る，というところにのみ重点を置き過ぎたきらいがある。もちろん雇用の安定は重要である。現実に雇用の安定を望む者が多い以上，この観点を無視することはもちろんできない。しかしそれが労働市場全体でもないし，雇用政策のすべてでもないということにも十分留意する必要がある。「雇用市場」（③）が重視されるのはよいとしても，どのエリアにも自由に移動できるのが望ましい，という観点からすれば，自営（⑤）や公務市場（④）が軽視されるべきではない。[6]

　公務市場は，図1から自明なように，本来であれば他のエリアと同じように雇用政策法の枠内で考えられるべきである。しかしこれまでは以下のような理由で「別扱い」されてきた。第1に，公務員の労働関係には特別法がある。そもそもそれは労働契約関係とは考えられていない。第2に，公務員の市場は雇用政策の所轄官庁である旧労働省の管轄ではなかった。「タテ割り行政」の弊害といえる。そして第3に，公務員の大半は一度なったら一生公務員，そもそも労働市場を移動することはないと考えられてきた。たとえ労働契約関係ではないとしても，「雇われている」ことには代わりがない。しかし身分保障，すなわち雇用保障があるかないかは，やはり政策を考える上では大きな差異を生じさせる。図1で公務市場が太枠で囲まれているのはこれらの理由からである。

　しかし改めてよく考えてみれば，第1，第2の理由は「たまたま」の根拠でしかない。また第3点についても，近年では任期付き採用，期限雇用などの動

6）　すでに諏訪康雄「キャリア権の構想をめぐる一試論」労研468号（1999年）59頁や諏訪・前掲注1）論文18頁が同様の指摘を行っている。

きがあり，公務員もより本格的に雇用政策の対象になってきている。もちろんその公務市場を取り巻く外部労働市場の整備が進んだことも無視できない。

公務市場でも，その「核（コア）」については伝統的な公務員のイメージがそのまま妥当するであろう。しかしすべてを公務の論理だけで考える必要はない。働く「個人」と，その「意欲」，という視点に立てば，公務だろうが民間だろうが大きな違いはない。雇用政策法の中に位置づけて考えるべきである。

自営についても同様である。これもまた公務員同様これまでは雇用政策の枠組みからはずされてきた。しかしエリア⑤を別扱いする必要性もやはりない。ここでもタテ割り行政の影響がみてとれる。たとえば定年後，あるいは脱サラして農家になる……という移動のパターンは農水省の管轄とされてきた。このような行政のやり方にもよい点はあったであろう。しかし個人からすれば，役所の縄張りの関係で自営エリアに関する政策と他の政策との連携が取れないようでは困る。

要するに雇用政策法は，民間雇用市場を中心としつつも，それ以外の公務員や自営の市場をもその対象とする必要があるということである。

3 雇用対策法との関係

この考え方は，実は雇用政策に関する基本法である雇用対策法にも取り込まれている。雇用対策法1条は，労働者の「雇用の安定」ではなく「職業の安定」をその目標に掲げている。「雇用に関し，その政策全般にわたり，必要な施策を総合的に講ずること」が中心，つまり（民間）雇用市場を中心とした政策を講じるが，しかし目指すのは雇用の安定だけでなく職業の安定――つまりエリア⑤や④にも目を配るということであろう。

雇用対策法はほかにも2つの目的を掲げている。うち1つは完全雇用の達成である。これもまた，雇用を望むすべての人が雇用を得られることが完全雇用である，というとらえ方をする限りは，本稿で前提とされる労働市場のあり方とマッチする。要するに，ただ失業率が低ければよい，需給量がマッチしていればいいという意味ではないということである。

そして雇用対策法の第3の目的が，国民経済の均衡ある発展，である。理念

シンポジウム（報告①）

としては，すべての国民が自らの望む就労形態で自己実現をはかる，それこそが経済的にももっとも効率的かつ合理的であり，生産性を高め，国民経済を発展させるといえるだろう。

4 法的介入の限界

もっとも，いくら個人の意思を尊重すると言っても，他方で使用者側の営業の自由，契約の自由の尊重もまた憲法上の要請である。たとえば労働契約の締結を強制することができるわけではない。そこに法的介入の限界がある。雇用政策法ができるのは，本人の意欲を阻害しないことと，その向上をサポートすることだけである。

Ⅳ 雇用政策法の現状と課題

1 労働市場参入（エリア❶→エリア❷）に関するサポート

労働の意思はあるが精神的・肉体的・環境上の能力[7]がない者について，その能力を労働市場に参入できるだけのレベルに引き上げることをサポートする。

（1） 精神的・肉体的能力開発のサポート

(a) エントリーレベルの能力開発・職業訓練

職業に就いたことがない，初めて職業に就く者に対するサポートで最も重要なのは，やはり学校・教育機関での基礎教育・職業教育であろう。国公立学校設置，私立学校等への補助金などはこのサポートの一環と捉えることができる。また日本学生支援機構（旧日本育英会）の各種奨学金も一定の役割を担う。

(b) 再チャレンジ・キャリアアップレベルでの再教育・再訓練

学校・教育機関での再教育・再訓練のほか，雇用保険の教育訓練給付もこのタイプのサポートと言える。ただし雇用保険の元被保険者で，一定の要件を満たす者のみが対象である。保険原理からは当然の帰結であろうが，雇用政策法

7） 雇用保険法4条3項にいう「労働の能力」とは，「労働（雇用労働）に従事し，その対価を得て自己の生活に資し得る精神的，肉体的並びに環境上の能力」であると解されている。労働省職業安定局雇用保険課編著『三訂新版 雇用保険法』（1991年）159頁。

の観点からすれば，対象者が限定される必然性はない。
 (2) 環境上の阻害要因を取り除くためのサポート
「少子化対策推進基本方針」を受けた「新エンゼルプラン」(1999年）により，託児所・保育園の整備などの子育て支援サービスの充実がはかられている。

 2 **失業者・転職(希望)者に関するサポート**(エリア②→③④⑤，③④⑤→②)
転職希望者も含め，労働の意思と能力を有する者が職業に就けるようにするためのサポートである。
 (1) 能力開発・職業訓練
公共職業訓練の実施やキャリア形成促進助成金の支給などがこれに該当する。「ミスマッチ解消を重点とする緊急雇用対策」「日本新生のための新発展政策」(2000年）ではIT・介護分野の職業訓練重視がうたわれている。また前掲の教育訓練給付はここでも重要である。
自営業者としての創業への支援も重要である。厚生労働省所轄の助成金として，地域雇用受皿事業特別奨励金，受給資格者創業支援助成金，高年齢者等共同就業機会創出助成金などが存在する。ただこれらも雇用保険の適用事業主または受給資格者であることが支給の条件になっている。
 (2) 求職活動中の生活保障
雇用保険の基本手当は，自分を「安売り」することなく求職活動を円滑に行えるようにするためのサポートである。言うまでもなく雇用保険の元被保険者が対象であり，公務員や新卒者には適用がない。また私学教員も実質的にその適用を免れている。
 (3) マッチングに関するサポート
求職者が労働市場において求人をみつけることへのサポート，いわば「出会い系」サポートである。
 (a) 無料職業紹介
主に公共職業安定所（ハローワーク）が担う。
 (b) 有料職業紹介
周知のとおり，近年規制緩和が進んでいる。

(c) 労働者派遣

派遣という形態を取るが，やはりこれもマッチングに関するサポートに分類できるだろう。紹介予定派遣という，まさにマッチングのための派遣も登場している。こちらも職業紹介同様近年規制緩和が進んだ分野である。

(d) 在宅ワーク，SOHO のマッチング

「労働者」でない者——特に，自宅で情報通信機器を使って仕事をする個人事業主，すなわち在宅ワーカーや SOHO (small office／home office) ワーカー——についても仕事探しの「マッチング」サポートは必要である。現在，「在宅就業を支援する仲介機関ディレクトリ（SOHO テレワーキング）」と「在宅就業ポータルサイト」の2つのウェブサイトが厚生労働省の調査研究事業の一環として実証運用中である。

(e) インターンシップ

文部科学省・経済産業省・厚生労働省は1997年に「インターンシップの推進にあたっての基本的考え方」を示している。また経済産業省は産業技術人材育成インターンシップ推進支援事業を実施しており，技術基盤事業費補助金を支給している。

(f) トライアル雇用制度

ハローワークで実施されている。45歳以上の中高年齢者，30歳未満の若年者，母子家庭の母等，障害者，日雇労働者・ホームレスが対象である。3ヶ月の「トライアル期間」を設け，これら対象者を「試しに」雇ってもらい，それをきっかけに常用雇用での本採用につなげることを狙う仕組みである。雇用保険から試行雇用奨励金が支給される。

(g) 各種認定制度

社外的にも通用する共通の資格の認定制度によって，マッチングを助ける。職業能力開発促進法に基づき，技能検定，技能審査認定，社内検定認定が実施されている。これらは主に技術系だが，近年はホワイトカラーについてのビジネス・キャリア制度（中央職業能力開発協会）も実施されている。外部の職業能力評価を受けさせる事業主に対しては職業能力評価推進給付金が支給される。

(h) キャリア・コンサルティング

キャリア・コンサルティングとは、「労働者が、その適性や職業経験等に応じて自ら職業生活設計を行い、これに即した職業選択や職業訓練の受講等の職業能力開発等を効果的に行うことができるよう、労働者の希望に応じて実施される相談」（職業能力開発基本計画〔第7次〕）である。前掲の雇用政策研究会報告でも、「産業間移動を主体として、労働者が円滑な労働移動を実現し、失業を経る場合でも失業期間をできる限り短くするためには、労働者が自らの能力、適性等を的確に評価・把握し、必要に応じ新たな職業能力を身につけた上で転職することが不可欠であり、こうした点を前提とした政策面での対応が必要」と述べられている。

厚生労働省職業能力開発局は、「キャリア・コンサルティング研究会報告」(2002年) の中で、キャリア・コンサルタントの養成と資格認定制度の実施に向けて動き出すことを明言している。実際にも、キャリア・コンサルティングを受けさせる事業主あるいはそのための職業能力開発休暇を与える事業主に対して助成金が支給されている（職業能力開発休暇給付金、キャリア・コンサルティング推進給付金）。

(i) シルバー人材センター (②→⑤)

エリア②から⑤への移動をサポートする仕組みといえる。

(4) 募集・採用時差別の禁止

個人の「移動」の意欲が、能力以外の点で妨げられることを防ぐ。

(a) 性差別

労働基準法4条及び雇用機会均等法による。

(b) 年齢差別

2001年改正の雇用対策法7条は、努力義務ではあるが、募集・採用時における年齢制限を規制する方向に一歩踏み出した。この規定は公務員には適用がない。しかし2003年8月の人事院勧告時報告では、「採用試験の受験資格として設けられている年齢制限については、年齢にかかわりなく均等な受験の機会を確保するという観点から、関係者、有識者等の意見を聴取しつつ、撤廃する方向で検討を進める」と述べられている。

(c) その他の差別

国籍・信条・社会的身分を理由とする採用差別については一応三菱樹脂事件[8]の最高裁判決が現在の判例法ということになる。労働組合員に対する採用差別については労働組合法7条1号がある。また結局成立には至らなかったが，2002年の人権擁護法案では障害・疾病や性的指向などを理由とする差別を規制の対象とする方向が示されていた。

(5) 就職困難者に対する雇用促進措置

様々な理由で就職が困難であると考えられているカテゴリーの人々に対しては，なんらかの積極的な「後押し」が必要となる。

(a) 特定求職者雇用開発助成金

雇用保険三事業の助成金として支給される。

(b) 障害者雇用促進措置

法定雇用率を設定し，それを障害者雇用納付金によって「間接強制」する仕組みが実施されている。最近の注目は職場適応援助者（ジョブ・コーチ）事業である。知的・精神障害者等が職場に適応することを容易にするため，障害者が働く職場に「ジョブ・コーチ」が派遣される。

(c) 中高年齢者の雇入れに関する助成金

在職者求職活動支援助成金，移動高年齢者等雇用安定助成金などが存在する。

(d) 地域雇用対策

地域雇用開発促進助成金，沖縄若年者雇用開発助成金，緊急雇用創出特別奨励金，地域人材高度化能力開発助成金などが支給されている。

(e) 雇用機会均等法によるポジティブ・アクション

1999年改正で導入された。

(6) その他転職意欲阻害要因の排除

転職時における企業年金（退職給付）のポータビリティの確保，退職金税制の見直しなどが必要であろう。また間接的ではあるが，健康保険制度の任意継続被保険者制度もこの種のサポートといえる。

---

8) 最大判昭48・12・12民集27巻11号1536頁。

3　労働市場での「定着」に関するサポート（エリア③④⑤）

現在のエリア，現在の会社にとどまろうとする努力をサポート。移動したくない者の意思も尊重されるべきである。転職者にとって不利なシステムは好ましくないが，同時に移動しない定着者を不利に扱うシステムもまたよろしくない。雇用政策法はこの点への目配りをもする必要がある。

(1)　事業主の実施する能力開発・職業訓練

キャリア形成促進助成金として支給される，訓練給付金，職業能力開発休暇給付金，長期教育訓練休暇制度導入奨励金などは，転職支援でもあるが，同時に定着支援でもあるといえる。

(2)　教育訓練給付

在職者も受給できる。

(3)　雇用調整助成金

雇用保険三事業の助成金である。

(4)　育児・介護休業制度

近年はいわゆる「ワーク・ライフ・バランス（work-life balance）」の観点から，休業それ自体だけでなく，時間外労働の制限，勤務時間短縮措置などにも保護が拡大している。厚生労働省も2003年に「仕事と生活の調和に関する検討会議」を立ち上げている。

4　引退課程に関するサポート（エリア②③④⑤→①）

(1)　引退後所得保障

公的年金・企業年金法制はもちろん，個人年金や個人型確定拠出年金など自助努力に関するサポートも重要である。

(2)　引退後医療保障

高齢・少子社会ではある意味所得保障よりも重要である。老人保健制度それ自体，またそこまでの橋渡しをする退職者医療制度も重要である。

(3)　「引退の自由」の保障

年金法制や医療法制の充実もある意味引退の自由の保障の一環だが，雇用面からみた引退の自由についても検討の必要がある。近年政府が目標として掲げ

ている「年齢に関わりなく働ける社会」，すなわち「生涯現役社会」では，自分が引退したい年齢で引退する自由が保障されているのが望ましい。その意味では，雇用における年齢差別禁止法の導入，定年制原則禁止という方向も見据えるべきではある。しかしそれは同時に，定年制の持つ雇用保障機能，ひいては雇用保障を中心とした日本の雇用のあり方そのものを大きく変えることにつながる。

フルタイムの労働生活から完全な引退生活に突然移行することは精神的な負担を大きくするという観点から，近年「なだらかな引退」を可能にするような政策の必要性が叫ばれている。雇用保険の高年齢雇用継続給付やシルバー人材センターは一応なだらかな引退を可能にする仕組みといえる。

5　複数のエリアに身を置くことへのサポート

労働市場での移動の自由を前提とするなら，複数のエリアに身を置きたいという意欲についてもサポートがあるべきだということになろう。公務員と民間との間での出向・人事交流もここに位置づけられるかもしれない。

(1)　兼職・兼業禁止規定の問題

その意欲の妨げになりうるものの1つが，企業の就業規則における兼職・兼業禁止規定である。最近はむしろ兼業を奨励する企業も登場してきており，この問題が実務的にも政策的にも重要な課題となりつつある。

(2)　高校・大学での夜間部設置

従来の高校・大学の夜間部のほか，最近では社会人大学院へのニーズの高まりもみられる。

Ⅴ　おわりに

最後に，雇用政策法の現状と課題について簡単にまとめておこう。

1　「集団」から「個人」へのトレンド

憲法13条を重視する近年のトレンドに迎合するわけではないが——雇用政策

法の重点も，労働市場に参加している「個人」に置かれるべきである。転職したい，独立開業したい，引退したい，という個人の意思を最大限尊重する。その観点からすると，現行法では事業主に対する補助金が多過ぎるといえそうである。教育訓練給付にも様々な欠点はある，どうせ同じ予算を使うのであれば，事業主ではなく，労働者・求職者などの「個人」に直接お金を渡すべきであろう。

2　自営・公務市場をも取り込んだ雇用政策法の必要性

労働市場には雇用市場だけでなく自営業や公務の市場も存在するということに留意して法と政策を考えるべきである。私企業での雇用が政策の中心となるのはあくまでも量的な問題からなのであって，質的に当然に中心となるべきものというわけではない。またたとえ私企業労働者を中心とするとしても，雇用市場から自営や公務のエリアへの移動が現実に存在する以上，他のエリアを無視することはできない。

3　「雇用保障」から「職業能力保障」へ？

労働市場をその意思にしたがって移動する個人を中心に政策を考えるとすれば，従来の雇用保障を中心とした政策枠組み，つまり1つの企業でできるだけ長く雇用を維持することがいいことだという大前提も見直す余地があるということになる。今後は，長期雇用制の下で雇用保障や所得保障の中に吸収されていた職業能力に関する利益が，それ自体で独立して法的保護の対象となっていく可能性をも視野に入れる必要がある[10]。

4　すべてを雇用保険三事業で行うという政策展開の是非

ここまでの検討で明らかなように，雇用政策の基本的な手段は雇用保険制度である。しかし助成金の「ジャングル」が本当に機能しているか疑問は残る。

---

9) たとえば，労働法での西谷敏『労働組合法』(1998年) 28頁以下，社会保障法での菊池馨実『社会保障の法理念』(2000年) 139頁以下など。
10) 両角道代「職業能力開発と労働法」講座21世紀の労働法2巻 (2000年) 167頁。

もちろん，歴史的経緯からはやむを得ない面もあった。労働保険については特別会計が確保されているため，政治的介入に屈せず労働政策の自立性を確保できた。賃金の立替払い制度が（全く関係なさそうな）労災保険の財源で実施されているのもそのためである。

とにかくなんでもかんでも雇用保険を使う。その是非はともかく，それが現状であるならば，つまり雇用保険を雇用政策の基本的手段とするなら，雇用保険の被保険者資格はもっと拡大すべきであるということになるだろう——たとえば公務員に，あるいは実質的に適用を免れている私学教員に。

5　経済学的アプローチと「労働は商品ではない」とのバランス

すでに指摘されているように[11]，雇用政策法は，組織性よりも市場性がより妥当する分野であり，他の労働分野に比べて法の経済学的分析になじみやすいといえる。もちろん同時に，他の市場とは異なり，そこで取引の対象となる労働（力）は「商品」ではなく，生身の人間であるということも忘れてはならない。両者にバランスよく目配りした政策展開が望まれる。

（もりと　ひでゆき）

---

11)　諏訪康雄「労働をめぐる『法と経済学』」労研500号（2002年）15頁。

雇用政策法と職業能力開発

両 角 道 代

(明治学院大学)

Ⅰ　は じ め に

　本稿で考察する雇用政策法とは，国家が，雇用の安定や円滑な労働移動，雇用機会の公正な配分といった雇用政策上の目標を実現するために，労働市場に対して行う法的介入である。その対象は，公共職業紹介や職業訓練，雇用創出事業等の実施，民営職業紹介や労働者派遣事業の規制，失業保険給付，解雇規制，雇用差別の禁止，使用者への各種助成金の支給など，多岐に及ぶ[1]。

　雇用政策法には，まず，そこで掲げられた理念や目標が時々の労働市場の要請に合致していること，また具体的施策が意図された目標を効果的に達成しうること等，とりわけ経済学的な観点からの合理性が求められる。しかし同時に，国の雇用政策は，法的に正当性のある形で行われなければならない。いうまでもなく，雇用政策法を論じる上では前者を理解する努力が不可欠であるが，労働法研究者の主たる任務は，後者の法的正当性という観点から雇用政策法を論じ，評価することにあるといえよう。

　雇用政策法が法的正当性を有するというためには，まず第一に，憲法との整合性が必要である。国家の労働市場への介入は，憲法上，勤労権をはじめ生存権・教育権などの社会権（憲法27条，25条）や幸福追求権（同法13条）によって根拠づけられる。他方，憲法上の職業選択の自由および営業の自由（同法22条1項）や財産権の保障（同法29条1項）は，自由な市場の基本的規範である。こ

---

[1]　雇用政策法の全容については，本誌掲載の森戸論文を参照されたい。

れらの諸規定からは，国の法政策に対する憲法の現代的要請として，「自由市場の原理を尊重しつつ，すべての国民に対し，働くことを通して生活保障・職業キャリア・自己実現を保障する」という基本理念を導くことができよう。雇用政策法には，憲法の個々の規定に違反しないことはもちろん，この基本理念に添ったものであることが求められる。

　第二に，雇用政策法は，個別的労働関係法や集団的労使関係法と決して無関係に存在するわけではない。これらの法との整合性を保つためには，強行法規に違反したり，個々の労働立法や判例法理と矛盾しないことはもちろん，さらに，それらのルールの本質的部分をなす労働関係の基本的な規範に照らして，実質的に正当性を認められるものでなければならない。

　また，雇用政策法の対象領域は，外部労働市場を主とはするものの，内部労働市場にも及びうる。とりわけ解雇や採用に関する法規制は，外部労働市場と内部労働市場が接合する領域を規律するものであり，労働関係における権利義務を定める法であると同時に，国家が雇用政策を遂行するための法政策としての性質を強く持っている。このような分野においては，労働関係の法としての正当性と雇用政策としての経済的合理性との対立・調整が，より直接的な問題として現れてくる。今後は，外部労働市場と内部労働市場の接合が進む中で，このような二面性を持つ法分野は拡大していくことが予想される。

　さらに，外部労働市場と直接には接合しない分野にも，雇用政策法の影響はおよびうる。たとえば，配置転換・出向や就業規則の不利益変更に関する現行の判例法理は，いわゆる長期雇用制（日本的雇用慣行）を前提とした厳格な解雇規制と密接な関係の下に形成されてきたものである[2]。これらの法理自体は雇用政策法の範囲に含まれないが，労働市場の変化に応じて外部労働市場の法や解雇規制等が変化することがあれば，それに伴って調整や見直しが必要となる場合がありえよう。

　以上のことから，労働法の視点から雇用政策法を論じる際には，労働市場の

2）　菅野和夫『新雇用社会の法』（有斐閣，2002）121頁，156-157頁，359頁および同『労働法（第6版）』（弘文堂，2003）121頁。東京大学労働判例研究会編『注釈労働基準法（下）』（有斐閣，2003）956-957頁〔荒木尚志執筆部分〕。

変化や雇用政策に対するニーズの変化をふまえたうえで，労働法制度の整合性や正当性が保たれるように，外部労働市場と内部労働市場の双方を視野に入れて全体的な検討を行うことが不可欠だと考えられる。

本稿は，このような視点から，職業能力開発の分野をとりあげて雇用政策法のあるべき方向を探ろうとするものである。

II　労働市場の変化と職業能力開発をめぐる雇用政策

検討を始めるにあたり，まず，職業能力開発の分野で，今後の雇用政策が対処すべき問題と，めざされるべき基本的方向を明らかにする必要がある。

周知のように，日本の雇用政策は，長期雇用制を前提に，同一企業における雇用の維持に重点を置いてきた[3]。そして，社員に対しては使用者が必要に応じて十分な教育訓練を行うことを期待して助成を行い，労働者の職業能力開発を基本的に企業に委ねてきた。言い換えれば，従来の日本の雇用政策においては，失業対策など限られた場合を除き，労働者の職業能力開発は，それ自体として追求される目的ではなく，むしろ同一企業における雇用保障に付随し包含されるものとして扱われてきたといえる。

しかし，今後は，企業教育訓練の促進は依然として必要かつ重要であるものの，それだけでは労働市場における職業能力開発のニーズに応えることはできないと考えられる。

第一に，従来の政策の前提であった長期雇用制は変容し，その範囲を確実に縮小しつつある。これをうけて，企業は教育訓練の対象とする労働者の範囲をしぼる傾向があることが報告されており[4]，国家の雇用政策として，それ以外の労働者について，個人の自発的な能力開発を可能とするしくみを整えることが

---

[3]　財政支出の面から見ても，日本では他の先進諸国と比較して，雇用維持や雇入れの支援など企業に対する助成の占める割合が多く，労働者個人の職業能力開発への支援は非常に少ないとされている。浜村彰「解雇法制と労働市場政策の今日的課題」学会誌99号（2002）7頁。黒沢昌子「職業訓練・能力開発」猪木武徳・大竹文雄『雇用政策の経済分析』（2001）140-142頁。

[4]　藤村博之「能力開発の自己管理」日本労働研究雑誌514号（2003）19頁。

急務だと思われる。

　第二に，知識社会の到来や成果主義的人事管理の拡大等により，使用者が労働者に求める職業能力は変化し，高度化している。たとえば専門的な技能や知識，短期間に成果を挙げることのできる能力，急激な変化に適応できる柔軟性などである[5]。労働者がこのような能力を身につけ維持するためには，目的に応じて OJT と Off-JT（場合によっては長期の学校教育を含む）を組み合わせた能力開発の機会を継続的に与えられることが必要である。これは，個人主導の能力開発にせよ企業教育訓練にせよ，国家のバックアップがなければ実現することが困難であろう。

　すなわち，労働市場においては，労働者に要求される職業能力の水準が高まっているにもかかわらず，これまで使用者が負担してきた職業能力開発のコストやリスクが個々の労働者へと移動しつつある，という変化が起こっており，その変化に対応することが国家の雇用政策の課題として浮上している。そのためには，今後の雇用政策において労働者の職業能力開発はそれ自体独立した目的として扱われるべきであり，これまでのように，もっぱら同一企業における雇用保障を通して実現されるべきものと扱うことは適切でないと考えられる。国家が果たすべき役割として，具体的には，第一に，上記の労働市場の変化をふまえ，憲法の要請に応えるために，職業能力開発に関する新たな理念や目標を示すこと，第二に，その理念を実現するために必要な施策を展開すること，とりわけ民間市場に委ねるだけでは満たされないニーズに応えること，を挙げることができる。

III　職業能力開発をめぐる雇用政策法の発展

1　新たな理念

2001年，長引く不況と労働市場の変化を背景に，企業主導のキャリア形成に

---

5) 知識社会において求められる職業能力については，Ann Numhauser-Henning "Flexible Qualification- a Key to Labour Law ?" The International Journal of Comparative Labour Law and Industrial Relations vol. 17 (2001) pp. 101-115（特に pp. 103-104）を参照。

限界が生じているという認識の下，職業能力開発促進法が改正され，労働者自身の計画に基づく自主的な能力開発を促進するという新たな政策の方向が打ち出された。改正法には「職業生活設計」という新たな概念が登場し（「労働者が，自らその長期にわたる職業生活における職業に関する目的を定めるとともに，その目的の実現を図るため，その適性，職業経験その他の実情に応じ，職業の選択，職業能力の開発及び向上のための取組その他の事項について自ら計画すること」能開法2条4），「この法律の規定による職業能力の開発および促進は，産業構造の変化，技術の進歩その他経済的環境の変化による業務の変化に対する労働者の適応性を増大させ，及び転職に当たっての円滑な再就職に資するよう，労働者の職業生活設計に配慮しつつ，その職業生活の全期間を通じて段階的かつ体系的に行われること」が基本理念として掲げられた（3条）。

すなわち改正能開法は，少なくとも理念の上では，従来の企業中心主義から，個人の自主的な能力開発への取組みを重視し，必ずしも同一企業における雇用維持にこだわらずに個人のエンプロイアビリティを保障する方向へと，一歩を踏み出したものといえる[6]。

このような変化は，近年諏訪教授が主張されている「キャリア権」[7]論を理論的なバックボーンとするものであろう。諏訪教授によれば，「キャリア権」とは憲法上の「生存権を基底とし，労働権を核にして，職業選択の自由と学習権とを統合した性格の権利[8]」であり，狭義の雇用政策だけでなく，労働立法や労働契約の解釈に当たっても考慮されるべきである（ただし，現段階では理念的性格の強い抽象的な権利であって，今後の雇用政策と労働立法により具体的権利として確立されていくべきものとされる）。

「キャリア権」論は，労働市場の変化をふまえつつ，法的な視点から，新た

---

6) 諏訪康雄「能力開発法政策の課題—なぜ職業訓練・能力開発への関心が薄かったのか」日本労働研究雑誌514号（2003）29頁。しかし同論文が指摘するように，法律全体の構造を見ると，依然として事業主の行う能力開発を主とし，国家や都道府県がそれを補完するという方向が維持されている。
7) 諏訪康雄「キャリア権の構想をめぐる一試論」日本労働研究雑誌468号（1999）54-64頁。
8) 諏訪康雄「労働市場法の理念と体系」日本労働法学会編『講座21世紀の労働法 労働市場の機構とルール』（有斐閣，2000）16頁。

シンポジウム（報告②）

な環境の中で「労働者の生活・職業キャリア・自己実現の保障」という憲法上の理念を実現するという問題意識に立っている。そしてそのために，内部労働市場における雇用の安定だけでなく，外部労働市場の整備にも目を向け，個人のキャリアの安定や保障を重視することを提唱するものである。個人のキャリアの保障において，職業能力開発が重要な要素となることは疑いがない。「キャリア権」論は，雇用政策法において，職業能力開発を雇用保障には吸収しきれない個人の利益として保障していく，という方向を強力に支持する法理論である。

2　具体的施策の展開

上記の理念を実現するために，国家が果たすべき特に重要な役割としては，①失業者や就職困難者に対して能力開発の機会を与え，労働市場の分断化を防ぐこと，②企業横断的な能力開発のしくみを整え，個人のキャリア形成や自発的労働移動をサポートすること，などが挙げられる。

能開法5条第1項に基づいて策定された第7次職業能力開発基本計画（対象期間は平成13〜17年度）においては，職業能力のミスマッチ解消による雇用の安定のほか，キャリア形成を支援するシステムの整備，職業能力開発に関する情報収集・整理及び提供体制の充実強化，労使と国の連帯による職業能力評価システムの構築といった目標が掲げられている。

具体的施策の中で注目されるものを挙げると[9]，失業対策・就職支援のための職業訓練として，近年の雇用情勢の悪化に対処すべく，離転職者を対象とする公共職業訓練が特に委託訓練を活用する形で重点的に実施されている。また，近年は新規学卒求人の減少等により，若年者の就職問題が深刻化しており，これに対応すべく，新たな試みとして，若年者を対象とした「日本版デュアルシステム」が2004年度から導入される。これは，高校を卒業した未就職者を主たる対象として，教育訓練と企業での実習を一体として受けさせることにより，企業のニーズに合った能力を身につけさせ，職場への定着を図る制度である

9）　施策の全容については，本誌掲載の森戸論文および，厚生労働省／監修『平成15年版　厚生労働白書―活力ある高齢者像と世代間の新たな関係の構築』（2003）220-229頁を参照。

(当面は,教育訓練機関が中心となって受入企業を見つけ実習を委託する「教育訓練型」を社会的に定着させることをめざすという)。

　他方,雇用の質的改善やキャリアアップを主眼とする施策としては,依然として,従来型の企業に対する助成金制度が中心である。たとえば,雇用保険の「キャリア形成促進助成金」は複数の助成金を整理統合したもので,使用者が計画に基づいて,職業訓練の実施,職業能力開発休暇の付与,長期教育訓練休暇の導入,職業能力評価の実施,キャリア・コンサルティングの機会の確保を行った場合に助成を行う。しかし個々の労働者による能力開発を意識した施策も,徐々にではあるが進められている。たとえば個人を対象に訓練費用の一部を助成する教育訓練給付制度[10]や,個人の主体的なキャリア形成や能力開発を支援するキャリア・コンサルタントの養成計画等である[11]。

3　雇用政策法の対象領域

　外部労働市場における能力開発制度は,リストラ等による離転職者や長期失業者の再就職を容易にするとともに,個人の自発的な労働移動を促進するうえでも重要な役割を果たしうる。さらに,今後の職業生活が「企業」よりも「キャリア」を軸に展開するようになるとすれば,民間の雇用市場だけでなく,自営業や公務員との間での労働移動も増加していくことが予想される。そこで,自営業者(請負・委任の形態で働く者や小規模事業主など)や公務員の一部をも包摂し,キャリアの連続性の保障という観点から職業能力開発のサポートシステムを作ることが,雇用政策法に求められることになる。

　この点に関連して,フランスの労働法学者 Supiot 教授は,ヨーロッパにおける労働市場の変化と労働法のありかたについて,興味深い指摘と提言を行っている[12]。教授は,まず,ヨーロッパ諸国に共通する現象として,職業生活の不安定化・非連続化を指摘する。これは,主として,使用者のフレクシビリティ

---

10)　同制度については,本誌掲載の藤原論文を参照。
11)　厚生労働省・前掲注9)書222頁。2002年度以降5年間で,官民あわせて5万人を養成する計画であるという。
12)　Supiot, A., Beyond Employment. Changes in Work and the Future of Labour Law in Europe (2001, Oxford) pp. 24-57.

への要請が高まる中，職種転換や他企業への移動，非典型雇用，失業といった不安定要因が増加していることによるものである。そして，今後の労働法や社会保障は，これらの変化を否定するよりも，個人の職業人としての連続性を保障し，個人が積極的に職業生活におけるフレクシビリティを活用できるしくみをつくるべきだとする。

Supiotは，このような問題意識に基づき，労働法や社会保障を，従属を核とする「雇用（employment）」ではなく，「仕事（work）」という概念に基づいて再構成することを提言している。ここでいう「仕事」とは，契約の有無に関わらず，義務に基づいてなされる行為であり，自営業や公務のほか，ボランティアや訓練など無償の活動も含まれる[13]。

この新しい労働法・社会保障においては，個人が異なる「仕事」の間を移動する自由の保障が本質的なものと位置づけられる。そのためには，組合休暇，教育訓練休暇，ボランティア休暇等の保障，労働時間貯蓄制度，失業者の起業支援などが不可欠であるが，現にヨーロッパ諸国では，これらの分野における新しいタイプの社会権（"social drawing rights"）が出現しつつあるという。その実態は様々であるが，共通点は，職業のための教育訓練など社会的に有用な目的のために，国・労使・使用者等の管理の下に，（多くは使用者と個人双方の拠出により）個人単位の積立がなされ，積み立てられた権利は個人の自由な決定に基づいて行使されることである[14]。この"social drawing rights"は新しい一種の社会保険であり，不安定な状況下で個人の主体的なフレクシビシティの行使を容易にするものと評価されている。

Supiotの理論は，ヨーロッパの労働市場と労働法全体の将来を広い視点か

---

13) Supiot・前掲注12)書 pp. 53-54.
14) Supiot・前掲注12)書 pp. 56-57。このような制度の一例として，スウェーデンの大手保険会社Skandiaでは，企業別労働協約に基づき，5年ごとに有給教育訓練休暇を取得する権利を保障している。休暇中の賃金は，使用者（拠出額は賃金交渉で決定される）と労働者（最大で賃金の5％）双方の拠出により積み立てられた，個人単位の「教育訓練口座（"educational account"）」から支払われる。これは一種の保険であり，自発的に訓練休暇を取得する場合には労働者の拠出分のみが支払われるのに対し，経営上の理由の場合には全額が支払われる。いくつかの産業別協約にも同様の制度が存在するという。同制度については，Numhauser-Henning・前掲注5)論文 pp. 110-111.

ら論じたものであり，これを安直に日本の雇用政策法に当てはめることはできない。しかし，Supiot は，労働市場の変化をふまえ，雇用政策法を含めた労働法のあるべき方向を法的な視点から検討しており，その問題意識において諏訪教授の「キャリア権」論と少なからぬ共通点があるといえる。また "social drawing rights" の発想は，わが国でも，個人に対する訓練費用の助成や教育訓練休暇中の所得保障を考えるうえで参考になると考えられる。

4　外部労働市場における能力開発政策の限界

今後の労働市場の変化にともない，従来使用者が負担してきた職業能力開発のコストとリスクが個人に移動していくことは，それ自体としては避けられないと思われる。この変化に対応するためには，国家が雇用政策によって外部労働市場における能力開発のしくみを整備し，様々な形で個人をサポートすることが要請される。

しかし，いうまでもなく，それによってすべての問題が解決されるわけではない。第一に，雇用政策の効果という点で，外部労働市場における教育訓練は決して万能ではないと考えられる。すなわち，知識や技術の習得能力には個人差や限界があり，失業者や離転職者に十分な教育訓練の機会を与えたとしても，再就職や転職が円滑に行われる保障はない。また，たとえ教育訓練自体が成功し，専門性の高い能力や資格を身につけても，それが労働市場で評価されにくく能力開発の成果を活用する場がないという問題も深刻である[15]。現在のわが国には，企業横断的な職業能力を客観的に評価し処遇するしくみが確立しておらず，一部の専門職等を除く多数の労働者にとって，企業外の能力開発の重要性は相対的に高まるものの，少なくとも当面は企業教育訓練を補完するものであり続けることが予想される。また，企業教育訓練（特にOJT）には学校教育や公共職業訓練では代替できない部分があり，またコストや効率性という点でも

---

15) 黒沢・前掲注3)論文152-153頁。なお，厚生労働省は，2004年2月に，わが国で初めての事務系職務についての能力評価基準を完成したと発表した。同省によれば，客観的な能力評価基準が明らかになることにより，労働者の有する（あるいは身につけようとする）能力と企業の求める能力のミスマッチが縮小することが期待されるという。同省は，今後製造業やサービス業についても基準作りを進めていくとしている。

シンポジウム（報告②）

優れた人材育成の方法であって，今後も重要性を失わないと考えられる[16]。

　第二に，仮に将来，外部労働市場における能力開発のしくみや，企業横断的な能力の評価制度が整備されたとしても，これを同一企業における雇用やキャリアの保障に代替させることには，法的正当性の点で，なおいくつかの問題が残ると考えられる。

　そのひとつは，労働者の年齢，学歴，職種，経済力等により，能力開発機会の配分に不平等が生じうることである。このような問題は，従来の長期雇用制下での企業教育訓練においても存在したと思われる。しかし，個人の能力が直接に雇用機会や給与の分配に影響する雇用システムにおいては，能力開発機会が公平に分配されることが，法的正当性の観点から決定的に重要となる。そのためには，教育訓練に関する差別の禁止はもちろん，教育訓練休暇や休暇中の所得保障を法制化することで，個々の労働者に対し，実質的な機会の平等が確保される必要がある。さらには，教育訓練を特に必要とする者（たとえば学歴の低い者や低所得者，技能の陳腐化した失業者，育児・介護や傷病等により職業生活を中断した者など）に対する特別な配慮も要請されるであろう[17]。

　もうひとつの問題は，労働者と使用者の関係をめぐるものである。使用者から労働者への能力開発のコストとリスクの移動は，部分的には，長期雇用制の衰退によって正当化することが可能であろう。しかし現時点ではもちろん，将来外部労働市場が整備され，企業横断的な職業能力開発が可能になったとしても，労働者の職業能力について使用者が責任を負うべき部分は，なお残るはずである。すくなくとも法的観点からは，憲法（とりわけ第27条の勤労権）の理念，あるいは労働契約の本質から，労働者への無制限なリスクの移動は正当性を有しないと考えられる。以下では，この点についてさらに論じてみたい。

---

16)　荒木尚志「労働市場と労働法」学会誌97号（2001）81頁。
17)　たとえばスウェーデンでは，教育訓練休暇法と学習手当法により，職業能力開発における実質的平等を重視した法制度が設けられており，学歴の低い者や高齢者，失業者等には優先して休暇や学習手当が付与されている。スウェーデンの制度については，黒川（両角）道代「これからの職業能力開発と法律政策の課題」ジュリ1066号（1995）87-91頁を参照。

Ⅳ 雇用政策法と労働契約

1 職業能力開発と解雇規制
(1) 長期雇用制と解雇規制

上記の点に関して,とりわけ重要な意味を持つのは解雇規制である。解雇規制は,外部労働市場と内部労働市場が接合する点を規律するルールであって,職業能力開発の失敗(能力不足・勤務成績不良・適格性欠如等)や職業能力のミスマッチによる損害を誰が負担するか,というリスクの配分を決定する。

これまでの裁判例をみると,まず労働者個人の能力不足を理由とする解雇については,一般には,勤務成績不良の程度が重大であり,使用者が配転や訓練など改善の機会を与えたにもかかわらず改善の見込みがなく,いわば最後の手段として解雇がなされた場合にはじめて解雇が有効と認められている[18]。また,部門の閉鎖や生産方法の合理化等により職業能力のミスマッチが生じたことによる整理解雇においても,使用者は,可能なかぎり配置転換や再訓練などを行ってミスマッチを解消し,解雇を回避する義務を負う[19]。

すなわち,現行の解雇法理は,労働者の職業能力開発の失敗やミスマッチについて,原則として使用者にリスクを負わせているといえる。これは長期雇用制の影響を受けたルールであり,その実質的な根拠としては,①労働者により不利益の小さい方法(配転・降格や賃金カットなど)による調整が可能な限りは,それで対応すべきであること(解雇回避可能性),②使用者は教育訓練や配置などにつき広範な決定権を有しており,労働者の職業能力開発が使用者に委ねられている以上,能力不足やミスマッチは労働者には統御できない,したがって労働者に責めのない事情と考えられること(解雇事由のコントロール可能性・帰責性)[20],③企業特殊的な能力開発の結果,解雇後の転職が困難であり,労働者に

---

[18] 東京大学労働判例研究会編『注釈労働基準法(上)』(有斐閣,2003)330頁(野田進執筆部分)。近時の裁判例として,セガ・エンタープライゼズ事件・東京地判平11・10・15労判770号34頁,エース損害保険事件・東京地決平13・8・10労判820号74頁などがある。

[19] 藤原稔弘「整理解雇法理の再検討」日本労働研究雑誌500号(2001)41-42頁。

シンポジウム（報告②）

多大な不利益を与えること（解雇の不利益性），が挙げられよう。

これに対して，中途採用された上級管理職や専門職の労働者については，能力不足やミスマッチによる解雇は，比較的容易に有効とされることが多い[21]。すなわち労働者側に一定のリスクを負わせているが，このことは，①労働契約上，職務やポストが何らかの形で特定されていることが多く，解雇回避可能性が限られること，②一定の知識や経験等を有することを前提に採用された労働者については，当該能力の欠如について帰責性がないとはいえないこと，③これらの労働者は企業横断的な能力を有し，転職が比較的容易であること，により正当化されうる。

今後は，成果主義的人事管理の拡大により，一般の管理職や専門的ホワイトカラーの間にも後者のタイプの労働契約が広がっていくことが予想されている。しかし，多くの労働者が依然として前者のタイプに該当すること，また長期雇用型と中途採用・専門職型の労働契約ははっきり区別できるものではなく，むしろ連続的なものであること（たとえば，専門的ホワイトカラーの契約は両者の中間的な位置にあることが多いであろう）には注意すべきであろう。個々の事例においてどこまで労働者へのリスクの移動が認められるかは，上記の基準に照らし，個別具体的に判断する必要がある[22]。

(2) 解雇規制の普遍性

しかし，典型的な中途採用・専門職型の労働契約においてもなお，労働者の職業能力について使用者が責任を負うべき部分は存在するはずである。中途採用・専門職型の労働契約においても，使用者は，長期雇用型より限られた範囲ではあるが，やはり労働者が職業能力を発揮する条件を決定し，労働者の職業能力開発をコントロールしうる立場にある。すなわち，ポストが特定されていたり，裁量労働制がとられている場合でも，使用者は労務指揮権により，労働

---

20) 根本到「解雇自由の類型化と解雇権濫用の判断基準」学会誌99号（2002）61頁。
21) 根本・前掲注20)論文54-55頁。村中孝史「成果主義と解雇」土田道夫・山川隆一編『成果主義人事と労働法』（日本労働研究機構, 2003）202頁以下。
22) 専門職労働者であっても，年齢や職務経験等を考慮し，使用者に比較的高度の解雇回避努力義務を課すべき場合もある（プラウドフット・ジャパン事件・東京地判平12・4・26労判789号21頁参照）。

者の具体的な職務内容や就労環境を決定することができ，職務に関連する教育訓練の受講を命じる権利を有している。そして，このようなコントロール可能性が存在する以上，その程度や状況に応じて，使用者は，長期雇用型の労働契約と比較すれば限定された範囲ではあるが，解雇回避義務（解雇が回避できないときの代償措置をも含む）を負うべきである。現行法上の解雇規制には，長期雇用制という特殊な雇用システムや弱者保護に基づく部分と，より普遍的な労働契約の本質から導かれる部分があり，前者があてはまらない場合にも後者は適用されるはずだからである。

このことを根拠づける理論としては，まず内田貴教授が提唱する「継続性原理」が挙げられる。周知のように「継続性原理」とは，労働契約や賃貸借契約のような継続的契約関係に横断的に妥当する法原理であり，これらの契約においては関係の維持・継続そのものに価値があるという社会に内在する規範が，立法者や裁判官によって契約法の中にすくいあげられたものであるとされる。解雇規制を「継続的原理」によって根拠づければ，長期雇用や弱者保護を前提としなくても，その本質的な部分は維持されうることになる。[23]

また，スウェーデンの民法・労働法・社会保障法学者である Anna Christensen 教授は，解雇に対する保護を「確立された地位の保護（Protection for the established position）」という社会法の基本原理（Christensen はこれを基本的規範パターン Basic Normative Pattern と呼んでいる）によって説明している[24]。Christensen によれば，個人の日常生活に深く関わる社会法（借家法，労働法，社会保障法，家族法）の領域においては，いったん確立した地位を正当な理由なく，また正当な補償なく奪われないという「確立された地位の保護」という基本原理が存在しており，解雇に対する保護は，この原理が労働関係において表われた

---

23) 内田貴「雇用をめぐる法と政策―解雇法制の正当性」日本労働研究雑誌500号（2002）11-12頁。土田道夫「解雇権濫用法理の法的正当性―『解雇には合理的理由が必要』に合理的理由はあるか？」日本労働研究雑誌491号（2001）11-12頁。なお「継続性原理」については，内田貴『契約の時代―日本社会と契約法』（岩波書店，2000）89頁以下を参照。

24) "Skydd för etablerad position—ett normativet grundmönster" Tidskrift for Rettsvitenskap 1996, pp. 519-574.（英訳："Protection of the Established Position : A Basic Normative Pattern" Scandinavian Studies in Law 2000, pp. 285-324.）。

ものであるとする。[25] 内田教授の継続性原理が契約理論であるのに対し，Christensen の理論は，安定した雇用を仕事と賃金をもたらす財産に近いものとみて，解雇保護を個人の生活に不可欠な「財産」に対する保護として説明する点に特徴がある。しかし，解雇規制は，その本質的部分において，特定の雇用制度や弱者保護ではなく，労働契約以外の分野にも横断的に存在する基本原理によって説明されるとする点では，両理論は共通している。

さらに，高い能力や専門性，自立性を有する労働者にも解雇規制を及ぼすことは，勤労権を定める憲法27条および改正能開法の趣旨に照らしても正当化されるであろう。労働者は，同じ職場で少なくとも一定の期間にわたって経験を積むことにより，職務に熟練し，職業能力を向上させることができるのであって，このことは程度の差こそあれ，専門職労働者や中途採用の管理職労働者についても当てはまると考えられる。すなわち，労働契約の継続は，長期雇用制の下にない労働者にとっても，職業能力を向上させ安定したキャリアを実現する上で重要なのであり，憲法27条および改正能開法は，使用者に対しても，このような価値を尊重するよう求める趣旨を含んでいると考えられる。

2 職業能力をめぐる利益の保護

さらに，今後は成果主義人事の拡大にともない，賃金や昇格・昇進などについても，職業能力の不足やミスマッチに関して労働者にリスクを負わせる労働契約が増加していくことが予想される。

労働契約において，原則として使用者は，労働者の配置や職務内容，教育訓練等について，一方的に決定する権限を有する。他方，労働者は特約や特段の事情がない限り，自分の職業能力がどのように用いられるかを決定することができない。使用者の人事権は，労働力の利用を使用者に委ねるという労働契約の本質から導かれるものである。しかし，わが国においては，労働者の職業能

---

[25] Christensen のモデルには，「確立された地位の保護」の他に「市場経済 (market economy)」「自由契約 (free contract)」「公平な分配 (just distribution)」という基本的規範パターンが登場する。クリステンセンは，これらの規範パターンが互いに対立しつつ引き合う「規範的フィールド (normative field)」を構想し，これを用いて社会法の各分野における発展を動的に説明しようと試みている。

力の取扱や評価に関し，それを全く利用しない（就労させない）ことをも含めて，使用者の決定権がきわめて広範に認められてきた。これは年功的処遇と結びついた雇用保障，すなわち職業能力開発の失敗やミスマッチというリスクを使用者が負担することとトレードオフの関係にあると考えられる。したがって，今後，長期雇用制の衰退や成果主義人事の拡大を反映して，雇用や所得の保障が減退していくならば，労働契約関係における当事者間の公平を保つために，使用者の人事権の制限を検討する必要がある。労働者側に一定のリスクを負わせることを正当化するためには，少なくとも労働者に対し，自分の職業能力の取扱についてある程度実質的なコントロール可能性を保障することが求められるであろう[26]。

そのためには，外部労働市場における能力開発のしくみが整備されることも重要であるが，労働契約における当事者間の公平という観点から，使用者との関係でも，職業能力に関する労働者の利益が保護されるべきである（現実にも，雇用関係にある労働者が職業能力を向上させるためには，OJT にせよ Off-JT にせよ，使用者の配慮が不可欠である）。このことはとりわけ，長期雇用制の外にあって，職業能力が雇用や賃金に直接反映される専門職労働者や成果主義人事管理制度の下にある労働者について，強く求められる[27]。近年，「キャリア権」論や，成果主義を契機とする労働契約法理の再検討のなかで，労働者の職業能力をめぐる利益を保護する必要性から，使用者の人事権を制限し，従来よりも広い範囲で就労請求権を認めることを示唆する学説が提唱されている[28]。これらの学説の理論構成はそれぞれ異なるが，基本的な方向としては，上記の要請に応えるものであり支持されるべきである[29]。

26) 両角道代「職業能力開発と労働法」日本労働法学会編・前掲注8)書166-170頁。
27) 土田道夫「成果主義人事と労働契約・労働法」土田＝山川編・前掲注21)書30頁。配転につき，東大労研編・前掲注18)書（上）232頁〔土田道夫執筆部分〕。副総婦長に対する異職種配転命令につき，労働者が被る職業上の不利益が大きいことを理由に，配転命令権の濫用を認めた裁判例として，北海道厚生農協連合会（帯広厚生病院）事件・釧路地帯広支判平9・3・24労判731号75頁。
28) 諏訪・前掲注7)論文61頁，毛塚勝利「賃金処遇制度の変化と労働法学の課題」学会誌89号（1997）19頁以下，土田・前掲注27)論文42-43頁。

シンポジウム（報告②）

V　む　す　び

　以上を要約してむすびに変えたい。
　労働法からみた雇用政策法の任務は，外部労働市場・内部労働市場の双方を射程に入れ，労働市場の変化をふまえつつ，法的に正当性のある職業能力開発システムをつくることだといえる。わが国の労働市場では使用者の労働者に対する職業能力の要求が高まる一方で，長期雇用制が後退することにより，職業能力開発のコストやリスクが使用者から個人へ移動してゆくことが予想される。このような変化に対応することが，職業能力開発の分野における雇用政策の主要な課題である。そのために必要なこととして，以下の諸点が挙げられる。
　第一に，新たな環境において憲法の要請に応えるべく，同一企業での雇用保障に必ずしも依存しない，個人を主体とした職業能力開発の新しい理念を提示することである。
　第二に，それを実現する具体的施策として，外部労働市場の整備により，労働市場の分断化を防ぐとともに，個人の自発的な能力開発を可能にし，自営業・公務員をも含めた自発的労働移動をサポートすることが必要である。
　第三に，外部労働市場と内部労働市場を接合する解雇規制においては，安易な解雇から労働者を保護し，また労働契約の本質からくる法規範との整合性を確保するために，リスクの移動の限界を設定することが求められる。
　第四に，上記のリスクの移動に伴い，労働契約関係においても，当事者間の公平を確保するために，使用者の人事権に関する従来の法理を見直すことが求

29）　筆者自身がどのような理論構成をとるかは今後の課題としたいが，現時点では，使用者は，配転命令権や労務指揮権の行使にあたり，労働者が能力を発揮し向上させることを阻害しないよう配慮する義務を負うと考えている（消極的な職業能力尊重義務）。これにより，専門性の高い労働者や熟練労働者，また成果主義賃金制度の下にある労働者を，その能力を発揮しえない職務に配転する命令は，無効とされうる。また例えば，専門職労働者に対して，その職業能力を保つために不可欠な教育訓練の受講を認めないことは，労務指揮権の濫用となり得よう。これに対して，労働契約の一般的な解釈として，積極的に教育訓練を受けさせたり，能力開発に役立つ職務配置を行う等の義務（積極的な職業能力尊重義務）を認めることは困難であり，教育訓練休暇の法制化など立法によるべきだと考えられる。

められる。

　従来，わが国の雇用政策や労働法においては，個人が自分の職業能力を発揮し維持向上させるという利益は，雇用保障の中にすべて吸収されるものとして扱われてきた。しかし，長期雇用制を前提とした雇用や賃金の保障が後退するにしたがい，職業能力開発は，外部労働市場においても内部労働市場においても，それ自体として法的に保護されるべき利益として姿を現しつつある。その要請に応えることが，法的正当性のある職業能力開発システムのために，労働法のめざすべき方向であろう。

（もろずみ　みちよ）

公務員の勤務形態多様化政策と公法理論

下 井 康 史

(新潟大学)

I はじめに

　森戸報告で触れられたように，近時，公務員の勤務形態多様化を指向する法制度が，様々な形で導入されてきている。この方向性が更に推進されれば，常勤・終身雇用という公務員の一般的イメージが薄らぎ，官民間の労働力移動が従来よりも活発になることが予測される。その結果，森戸報告が触れたように，今後の雇用政策法においては，公務部門が重要な検討素材になっていくと考えられる。しかし，このことは同時に，雇用政策法の対象に，異質のファクターが混入してくることも意味する。なぜなら，公務員法は，公務労働者保護立法であると同時に，適切な行政サービスの提供を確保するための行政法システムであり，立法論・解釈論の両局面において，公務の民主的且つ能率的な運営の保障という（国家公務員法（以下，「国公法」）1条1項，地方公務員法（以下，「地公法」）1条），民間労働法にはない発想が不可欠だからである。さらに，憲法原理や，諸々の行政法一般原理——法律による行政の原理の他，塩野宏は，信義誠実の原則，比例原則，行政の公正・透明性の原則，説明責任の原則を，大橋洋一はさらに，現代型一般原則として，市民参加原則，補完性原則（行政関与の正当化要請），効率性原則をあげる——との関係でも，民間労働法とは異なる視点からの考察が求められる。そこで本報告では，公務員の勤務形態多様化政

---

1) 今村成和著（畠山武道補訂）『行政法入門（第6版再補訂版）』（有斐閣，2002年）40頁は，公務員制度をどう定めるかは，行政運営の適正を期する上に重大な関係をもつとする。
2) 塩野宏『行政法I（第三版）』（有斐閣，2003年）71頁以下参照。

策の法制度化にあたり，留意すべきと思われるポイントをいくつか取り上げ，公務員法・行政法理論，さらには憲法との関係を検討する。そのうえで，このような考察が，公務員とは何か，公務とは何かといった，基本概念にまで立ち返った議論の必要性を示唆しうることを指摘してみたい。以下では，公務員の勤務形態多様化をめぐる諸法制等を確認し（Ⅱ），わが国公務員法制度における根本的な問題と勤務形態多様化政策との関係を指摘したうえで（Ⅲ），論点を任用（Ⅳ）と身分保障（Ⅴ）に絞って具体的な検討を行い，最後に，公務員・公務といった概念を再検討すべきことを指摘する（Ⅵ）。

Ⅱ 公務員の勤務形態多様化をめぐる諸法制

1 国公・地公法制定以来の制度

公務員の勤務形態多様化を可能にする制度として，国家公務員法・地方公務員法制定以来のものに，常勤職員を任期付で任用する臨時的任用職員（国公法60条，地公法22条）と，非常勤職員の制度がある。後者の任用に任期を付しうることにつき，明文の規定はないが，通常は任期付任用である[4]。

2 勤務形態多様化や官民間労働力移動促進を指向する諸改革法

ここ20年来，公務員の勤務形態多様化や官民間の労働力移動促進を指向する法制度が多数登場している。1981年の国公・地公法改正による「定年退職者の任期付き再任用制度」（国公法81条の4，地公法28条の4）の他，1998年の人事院規則（以下，「人規」）1—24（公務の活性化のために民間の人材を採用する場合の特例），1999年の「国と民間企業との間の人事交流に関する法律」（官民交流法），

3） 大橋洋一『行政法（補訂）』（有斐閣，2002年）46頁以下参照。その他，宇賀克也『行政法概説Ⅰ』（有斐閣，2004年）38頁以下は，「条理に基づく一般的な法原則」として，信義則，権利濫用禁止の原則，比例原則，平等原則，透明性とアカウンタビリティの原則，必要性・有効性・効率性の原則等を挙げる。
4） 最三小判昭和38年4月2日民集17巻3号435頁は，公務員の任用は無期限が原則としつつ，期限付任用を必要とする特段の事由が存し，かつ，「職員の身分を保障し，職員をして安んじて自己の職務に専念させる」という無期限任用の趣旨に反しない場合であれば，特に法律に期限付任用を認める旨の明文がなくても可能とする。

2002年の「地方公共団体の一般職の任期付き職員の採用に関する法律」等である。また，2003年改正の構造改革特別区域法20条は，地公法の臨時的任用につき，更新期限を3年まで延長できるものとした。

その他，公務員の勤務形態多様化に直接の関係はないが，2003年6月成立の埼玉県志木市「市民との協働による行政運営推進条例」を挙げておきたい。同条例は，行政パートナーという制度を設け，従来は市職員が担当してきた仕事を，公務員ではない一般市民に担当させることを認めている。行政法の現代型一般原則として大橋洋一が指摘する市民参加原則，あるいは，近時の行政法学におけるキータームである官民協働の観点から興味深く，さらには，雇用政策法理論にも一定の影響を与える可能性を孕んだ斬新な試みとして，注目に値する。公務員法理論からは様々な疑問もあるが，これ以上は触れない[6]。

3　勤務形態多様化や官民間労働力移動促進を指向する制度改革提言

ここ数年の様々な制度改革提言には，公務員の勤務形態多様化に関連するものがいくつか見られる。1998年の地方分権推進計画は，短時間職員や任期制職員等の活用を図る方向での地方公務員制度見直しを求め，1999年の総務省地方公務員制度調査研究会報告「地方自治，新時代の地方公務員制度」は，新たな任期付任用制度や一般的な短時間勤務職員制度の検討が必要とする。2001年の公務員制度改革大綱は，民間からの人材確保を推進すべきことを指摘する。

とりわけ注目すべきものに，2002年9月の「分権型社会における地方公務員の任用制度のあり方等に関する検討会」報告「分権型社会にふさわしい地方公務員の多様な任用制度の実現へ向けて」（以下，「2002年報告」）がある[7]。これは，任期付の常勤及び非常勤職員を，従来よりも幅広く活用すべきことを提言するもので，以下のように述べる。「地方分権の進展に伴い地方公共団体の役割が

5）　その他については，川田琢之「公務員制度における非典型労働力の活用に関する法律問題（一）」法協116巻9号（1999年）1416頁参照。

6）　志木市の制度については，対談「地方自治体の改革と志木市の実践」〈http://www.glocom.ac.jp/project/chijo/2003_09/2003_09_10.html〉等を参照。

7）　同報告については，加松正利「分権社会にふさわしい地方公務員の多様な任用制度の実現へ向けて」季刊地方公務員研究71号2頁参照。

増大する中で,地方公共団体は,住民ニーズに適切に対応するため,多様な事務・事業を行っている。他方で厳しい財政状況の中で行政改革の要請は一層強まっており,地方公共団体は簡素で効率的な組織を維持しつつ,その時々の行政課題に即応するため,既に様々な事務・事業の不断の見直しを行っているところである。このような取組を促進し,組織の活性化と行政の質の向上を実現するためには,地方公共団体の人材活用面における自主性を最大限尊重する必要があり,恒久的(恒常的)且つ本格的な業務であっても必ずしもフルタイムの勤務を要しないものについては,非常勤職員を幅広く活用することができるようにすることが必要である。また,フルタイムの勤務を要する恒久的(恒常的)な業務についても,任期の定めのない常勤職員(長期継続雇用職員)のほか,地方公共団体の判断と責任により,任期付の常勤職員を採用しこれに活用することを認める必要がある。」(5(1)) 2004年通常国会では,この報告の方向での法改正が予定されており,本報告でも重要な素材として取り上げる。

4 任期付・非常勤公務員の実態

公務員の任期付き任用を論じる場合,その法制度のみならず,臨時的任用・非常勤職員がおかれている現状に目を向けておかなければならない。既に指摘があるように[8],任期付職員の多くは,任期更新を繰り返し長期間勤務しているが,正規職員に比べて給与・昇進面での待遇が十分ではない。かつ,いかに長期間勤務しても,任期満了を理由とする雇止めにより,簡単に地位が剥奪される。長期間勤務の任期付職員の場合,雇止めは実質的に免職処分として機能するが,雇止めを規制する実体的・手続的ルールは無に等しい。判例は,取消訴訟において雇止めが行政処分(行政事件訴訟法3条1項)であることを認めず訴えを却下し,地位確認請求(行政事件訴訟法4条後段)でも実体判断を拒んでいる。結局,損害賠償請求を除き,司法救済の機会は無く,身分保障原則の潜脱というべき状況が見られる[9]。

---

8) 例えば,清水敏「非正規公務員の労働基本権」労働法の争点(新版)(1990年)18頁,川田・前掲注5)論文1434頁以下等参照。実態については,早川征一郎『国・地方自治体の非常勤職員』(自治体研究社,1994年)が詳しい。

シンポジウム（報告③）

Ⅲ 公務員制度における根本的問題と勤務形態多様化政策

1 閉鎖型任用制と開放型任用制

　わが国の公務員制度につき論じる場合，忘れてはならないのは，法の建前と実態の間に看過し得ない乖離が存在することである。この点は，公務員任用に関する国際比較により明らかになる。既に拙稿で指摘したことだが[10]，一般に，公務員の任用システムには，閉鎖型任用制と開放型任用制の二つがある。

　閉鎖型任用制は，新規採用の対象を主として学卒者に絞り，公務員が行政組織内部を継続的に昇進，定年まで勤務することを前提とする。英独仏を典型とするこの法制度は，官民間の労働力移動を，あまり想定しないものである。

　これに対し，開放型任用制での職員採用は，特定人の特定ポストにおける職務従事のためになされる。そこでは，継続的な内部昇進や終身雇用が想定されていない。アメリカ合衆国を典型とするこのシステムは，官民間の労働力移動が頻繁で，公務員としての勤務が当該個人の職業生活における一エポックに過ぎないような社会を前提としている。その結果，アメリカのように労働基本権や政治活動の自由を厳しく制限しても，個人に対する実質的影響力は，閉鎖型におけるそれよりも小さくなると推測される。

　以上二つの任用システムは，いずれも理念型としてのモデルである。各国ともいずれかを純粋な形で採用するわけではない。制度の建前通りに労働力が移動しているか否かも別問題である。ただ，いずれのモデルを基本とする公務員法制であるか否かは，民間雇用政策にも少なからぬ影響を与えるものと思われる。

2 わが国における制度と実態の著しい乖離

　わが国の国公・地公法が，アメリカ型の開放型任用制を建前とすることは，

---

9) 判例については，拙稿「期限付任用公務員の再任用拒否」北法41巻3号（1991年）1185頁以下，川田・前掲注5）論文1440頁以下参照。
10) 拙稿「公務員法と労働法の距離」労研2002年12月号23頁以下。

その内容から見て明らかである。具体的には、欠員補充手段として採用と昇任が対等であること（国公法35条、地公法17条1項）、昇任の方法が採用と同じく競争試験を原則とすること（国公法37条1項、地公法17条3項）、昇任にも条件付任用制度が用意されていること（国公法59条1項）等にあらわれる。

このように、法の建前は、民間労働市場との接合性が高い任用システムなのだが、わが国の実態が閉鎖型であることは説明するまでもない[11]。その結果、制度の建前と実態の間に著しい乖離があることを指摘できる。このような乖離は、国公・地公法の運営に様々な問題を及ぼしていると推測されるが[12]、以下では、勤務形態多様化を目指す法制度の立案に当たり、指摘できることを述べておく。

3　制度と実態の乖離と勤務形態多様化政策

前述の2002年報告は、そこで導入を提言する任期付任用職員につき、昇進を予定していない。一定程度の官民間労働力移動を前提に、開放型に近い制度を考えているものと推測される。だが、同時に中核的な公務については、現状通り、任期のない常勤職員に担当させるべきとしている。念頭におかれているのは閉鎖型であろう。すると、同報告がイメージする制度像は、中核的な公務は閉鎖型でその他は開放型という、両システムの併用と考えられる。

このような方向性自体には賛同できても、法の建前と実態の乖離を意識しない点は問題である。同報告は、閉鎖型の中核公務は現状維持だから法改正不要で、新たに開放型を導入する部分につき制度改革が必要というのだろうが、実は、導入を目指す開放型は現行法制に親和的で、現状維持の中核的公務にこそ法改正が必要なのである。そもそも制度改革とは、あるべき制度像を措定したうえで、そのような制度像と現行制度との距離を埋めるべく提案されなければならないが、両者の関係が逆転しているのではないだろうか。この点を認識しない限り、制度と現実の乖離がもたらす諸々の弊害は解消すべくもない。

---

11) 川田・前掲注5）論文1411頁。
12) とりわけ身分保障と昇進につき、拙稿・前掲注10)論文24頁以下、同「フランス公務員法制の概要」『欧米の公務員制度と日本の公務員制度』（(財)日本ILO協会、2003年）30頁以下参照。

4　公務員法は一つでなければならないか？

　ところで，現行公務員法は，国家・地方公務を区別し，それぞれにおける全職員に，基本法たる国公・地公法を一律適用する。いくつかの職種・任用形態に即した特別の制度が個別法で用意されてはいるが，基本は画一的規律の制度である。このようなシステムは，戦前における官吏・雇員・傭人という身分上の区別を打破するには有意味であった。しかし，2002年報告のように，閉鎖型と開放型という基本的に異なる任用システムを併用するのであれば，それぞれで異なる基本法を用意する二元的公務員法制も検討の視野に入れるべきだろう。任用システムの違いは，昇進や身分保障，官職分類方法など，公務員法制の重要な部分に様々な影響を与えるはずだからである。

　もっとも，二元的公務員法制においても，一定の法システムは，公務員法・行政法の一般原理，さらには憲法上の様々な原理から，両者に共通して制度化されなければならない。以下，そのような法システムとして，任用における成績主義原理と公務就任平等・機会均等原理，そして身分保障原理をとりあげる。

Ⅳ　任用における成績主義原理と公務就任平等・機会均等原理

1　成績主義と任期付・非常勤公務員

　成績主義とは，公務員の任用を能力の実証に基づいて行うことを要請する法理念である（国公法33条，地公法15条）。その趣旨は，行政サービスが適切に提供されるよう，有能な人材を確保する必要があること，公正で民主的な公務実現のため，政治的情実人事やコネ採用を防ぐべきことの二点にある。ところが現在，臨時的任用の場合，明文の根拠はないが，一般に，成績主義の例外が許されると理解されている[13]。国の任期付非常勤職員については，人規8—14が明示的に成績主義を排除している。地方の詳細は不明だが，裁判例などを見る限り，成績主義任用が一般的とはいえない。結局，研究職や大学教員，専門知識

---

[13]　阿部泰隆他『地方公務員法入門』（有斐閣，1983年）42頁，鹿児島重治=森園幸男=北村勇『逐条国家公務員法』（学陽書房，1988年）387頁，橋本勇『逐条地方公務員法（新版）』（学陽書房，2002年）294頁。

経験を要する職を除き,任期付・非常勤公務員につき成績主義は除外されているのが現状である。

任期付・非常勤職員が,あくまで例外的存在に止まるならば,それらの存在が公務運営に与える影響は大きくない。前述した成績主義原理の趣旨に照らしても,成績主義除外がもたらす問題をさほど重大視する必要はないのかもしれない。しかし,2002年報告のように,今後これらの職員を活用し,その数を増やすのであれば,少なくとも一定の能力を必要とする職務には,成績主義による任用が求められることになろう。2002年報告も,任期付の常勤・非常勤職員が一般職公務員である以上,能力実証が必要であるとし,選考（国公法36条1項但書,地公法18条）による採用を求める。ただ,比較的機械的な業務に係る職については,採用コスト軽減の観点から「当該職に必要な能力を適宜の方法で判定すれば足りる」とする。この「適宜の方法」が,成績主義原理に則ったものなのか,明らかではない。今後,この採用手段の内容が検討されなければならない。

2 憲法上の要請としての公務就任平等・機会均等

成績主義には,公務就任の平等・機会均等の原理を最も良く体現する手法という側面もある。この原理は,周知の通り,1789年人権宣言以来の近代公法における根本原理であり,明治憲法も19条で確認していた。現行憲法は明示しないが,国民主権の原理や,国民固有の権利としての公務員選定罷免権の保障（15条）に含意されよう。この要請は,民主的で公正な公務員制度,ひいては行政サービスの公正実現のため,成績主義によらないものも含め,あらゆる採用に求められる憲法上の,そして,市民参加原理にも即す要請として,公務員採用において最も重視されるべきファクターと考えられる。具体的には,一般公募による採用を原則とすべきで,採用試験の公開平等を定める国公法46条と地公法19条1項は,このような趣旨で理解される。もう一つの採用手段である選考については,法律も人規も公開平等を明示しない。しかし,公務就任平等・機会均等確保という憲法上の要請は,あらゆる公務員のすべての採用に及ぶべきであるから,選考については当然に,さらには2002年報告が言うところ

の「適宜の方法」にも，等しく及ぶべきである。国公法46条と地公法19条1項は，憲法上の要請を，特に競争試験につき確認したに過ぎず，他の採用手法における必要性が否定されていると理解すべきではない。

公開平等性を担保するための制度的仕組みも必要である。具体的には，任用決定過程の透明化をはかるため，任用基準の事前公表――行政手続法5条にヒントを得ている――，採用結果の公表，行政機関個人情報保護法に基づく選考結果の本人開示などが考えられる。採用過程の透明化は，行政法の一般原理たる透明性原理からも導かれる。

V 公務員の勤務形態多様化政策と身分保障原理

1 身分保障原理の趣旨

身分保障とは，公務員に不利益を与えたり，その地位を剥奪するためには，法令の定める能力不足その他合理的な理由がなければならないという法理念である（国公法75条，地公法27条）。その機能は，解雇権濫用法理や新労働基準法18条の2と，大きく異なるものではない。ただ既に拙稿で述べたことであるが，[15]身分保障原理が成績主義原理を担保するシステムであることを，再確認しておきたい。すなわち，成績主義原理とは，前述のように，公務の中立性・能率性を実現するため，政治的な情実任用やコネ採用といった恣意的人事を防ごうとするシステムであるところ，採用後の人事で情実が罷り通るのであれば，その意義は大幅に失われてしまう。公務の中立性を保つために恣意的採用を予防するのであれば，恣意的に不利益を与えることも，当然に禁止されなければならない。つまり，身分保障は，成績主義任用の必然的帰結としての要請と位置付けられる。したがって，身分保障を労働基本権制約の代償と理解したり[16]――身分保障が結果的に労働基本権制約の代償として機能しうることは否定しない――，この制約をなくせば身分保障は不要になる旨の議論には賛同できない。[17]

---

14) 柳克樹編『地方公務員法』（青林書院，1997年）75頁参照。
15) 拙稿・前掲注10)論文23頁。
16) 名古屋中郵事件・最大判昭和52年5月4日刑集31巻3号182頁。

このように、身分保障が成績主義原理の当然の帰結であることに加え、成績主義が公務就任平等・機会均等の確保という憲法の要請を最も良く体現する法システムであること（前述）を併せ考えれば、身分保障原理の淵源も憲法に求めることができる。以上のように、身分保障原理の機能が解雇権濫用法理や新労働基準法18条の2と同様であるとしても、拠って立つ法理念は大きく異なるのである。

2 任期付常勤・非常勤職員と身分保障

前述したように、任期付の常勤・非常勤職員について、少なくとも一定の能力を必要とする職務には成績主義による採用が必要ならば、その結果として、身分保障が当然に要請されることになる。この点、任期を付して公務員を任用すること自体、身分保障原理と矛盾する旨の反論が予測される。しかし、身分保障とは、不合理な理由で職員の身分を剥奪したり、不利益を及ぼしたりすることの禁止を趣旨とするのであり、半永久的にその地位や既得権を保護する、あるいは、雇用を保障しようとするものではない。任用時に明示した任期の満了は、身分剥奪の合理的な理由であり、任期を付すること自体、あるいは、任期があることの一事をもって、身分保障原理に矛盾するとは考えられない。

もっとも、先述した身分保障原理の潜脱ともいうべき実態に鑑みれば、そのような事態を予防するための制度的工夫が必要になる。

3 2002年報告の立場

身分保障潜脱の予防につき、2002年報告は、「職員の任期を一定期間に制限し、かつ、それを採用時に職員に明示すれば、職員にとっても予見可能性は確保されるのであり、直ちに不安定雇用の増大につながるとは言えない」としたうえで、任期更新を禁止あるいは制限すべきとする。しかし、これだけでは不

---

17) 拙稿・前掲注10)論文23頁は、労働基本権制約解除により身分保障は不要になる旨の見解として、西村美香「公務員制度の改革」松下圭一他編『自治体の構想2制度』（岩波書店、2002年）175頁を引用したが、西村論文の当該部分は、人事院・人事委員会制度をもって身分保障としたうえでの指摘であるため、拙稿の引用は不適切であった。

十分だろう。なぜなら，任期付職員の勤務長期化は，必ずしも更新の繰り返しだけが原因ではないからである。つまり，とりわけ日々雇用職員につき多く見られる現象だが，任期満了後，一日だけ間をおいて，同じ人を形式的には新規採用するという脱法的手法が用いられているのである。かかる現実の背景的事情の一つとして，任用する側に，同じ人を継続して任用したいという意向があると推測される。

以上のような実状がある以上，2002年報告のように，更新を禁止制限するだけで身分保障潜脱が予防できるか，疑問である。では，どうすればよいか。

4 どのような制度が望ましいか？

私見では，空白の一日も含めた任期更新，その結果としての勤務長期化が，実際には多々あり得ることを前提としたうえで，身分保障原理の潜脱を予防するための現実的システムを構築すべきことを強調したい。最低限，雇止めに対する司法救済の機会を確保すべきである。この点については，二つの方向が考えられる。

第一は，行政事件訴訟法3条の処分概念を拡張するという方向である。公務員法に限らず，一般的に処分を狭く理解する判例の下，裁判所は雇止めの処分性を否定するが[18]，この点の解釈を変更し，取消訴訟の対象とするのである。だが，行政訴訟における裁判所の先例遵守主義に鑑みれば[19]，判例による解釈変更は期待し難い。現実的な解決は，行政事件訴訟法改正による処分概念拡張であろう。現在，司法制度改革審議会の行政訴訟検討会が行政事件訴訟法改正を検討しているのだが，対象拡張の方向で検討が進められており，期待を持たせる。もっとも，そこでの拡張論は，行政立法や行政計画，行政指導といった，これまで行政訴訟の直接的対象ではなかった行為形式への対象拡張論である。雇止

---

[18] 判例については，拙稿・前掲注9)論文1189頁。なお，処分性概念一般についてのリーディングケースである最一小判1964（昭和39）年10月29日民集18巻8号1809頁は，処分につき，「行政庁の法令に基づく行為のすべてを意味するものではなく，公権力の主体たる国または公共団体が行う行為のうち，その行為によって，直接国民の権利義務を形成しまたはその範囲を確定することが法律上認められているもの」とする。

[19] 例えば，阿部泰隆『行政訴訟改革論』（有斐閣，1993年）15頁以下参照。

めが行政処分から除外されているのは、それが任期満了による身分喪失であり、行政庁の意思表示によるわけではないことがその理由である。そのようなものをも行政訴訟の対象に含める方向での拡張論ではない。

　第二の方向は、国公・地公法で雇止めを不利益処分と明示する改革である。手っ取り早く実効的で、望ましいベストの改革であろう。具体的には、雇止めが、人事院や人事・公平委員会への不服申立ての対象になることを明示すれば良い。この点への反論として、雇止めは、実態はともかく、形式的には任期満了による自動的身分喪失であり、公務員の地位に直接具体的な変動を与えるわけではないから、いくら立法によっても不利益処分とすることは無理である旨のロジックが予想される。しかし、実定公務員法は、懲戒戒告を懲戒処分の一としており（国公法82条１項、地公法29条１項）、それに対する取消訴訟は当然に認められるが（国公法90条１項、92条の２、地公法49条１項、51条の２）、同処分は公務員の地位に直接具体的な変動を与えるものではない。同処分が取消訴訟の対象たる処分であることを肯定されるのは、処分内容によるのではなく、実定公務員法がそのことを認めているからである。雇止めについても、同様に考えることが可能だろう。もっとも、あらゆる雇止めに処分性を認めるべきかは、議論の余地がある。

　なお、雇止めを行政処分とすれば、事前手続の履践を要求しやすくなる。行政手続の一般法たる行政手続法は、公務員に対する処分を適用外とするが（同法３条１項９号）、だからといって、公務員法における適正手続の要請が否定されるわけではない。既に多くの論者が主張するように[20]、行政の公正・透明性の原則という一般原理や憲法のデュー・プロセスの理念から、公務員不利益処分にも手続の事前適正が求められるべきである。手続の具体的内容としては、告知弁明の履践が最低限の要請で、私見では、これに人事記録閲覧を加えるべきと考える[21]。

---

20)　学説判例の状況については、拙稿「フランスにおける公務員の不利益処分手続（一）」北法54巻１号（2003年）３頁以下参照。

21)　拙稿「フランスにおける公務員の不利益処分手続（二）」北法54巻４号（2003年）1127頁参照。

Ⅵ　おわりに——公務・公務員概念再検討の必要性

　ここまで，任期付の常勤・非常勤職員が公務員法上の公務員であることを前提に論じてきた。しかし，この前提は所与のものだろうか。これらの職員を，民間労働法適用職員とする余地はないのだろうか。そもそも公務・公務員とは，いかなるものなのか。そこで最後に，公務・公務員概念を憲法との関係で論じたうえで，公務員制度の射程を再検討すべきことを指摘したい。[22]

1　公務員とは国・地方公共団体の職員？

　就任平等・機会均等の要請は，それが憲法上のものである以上，憲法上の「公務員」すべてに及ぶべきことになる。憲法上の公務員とは，公務員法上の公務員に限られず，何らかの公の事務・公役務の担い手全てというのが，今日の有力説である[23]。すると，特殊法人等特別行政主体の職員[24]の他，志木市の行政パートナーや，民間委託先の労働者にも，憲法上の公務員となり得るものが存在し，何らかの形で，就任平等・機会均等を確保するための公的規制が必要になろう。現在でも，特別行政主体の職員には，守秘義務や見なし公務員規定など，一定の公的規制が用意されているが，各法律間で制度にばらつきがあるとか，内容的にも不十分といった指摘が既にある[25]。私見では，さらに，就任平等・機会均等という憲法上の要請を確保するための法システムを整備すべきである。

　ただ，特別行政主体の職員すべてを憲法上の公務員とし，就任平等・機会均等を確保する公的規制が必要だとは思えない。結局，担当する業務・職務の内容次第ということになろう。いかなる事務を担当する職員であれば憲法上の公務員であり，そうではないのか，各法人ごとに公共性の程度等を斟酌し，分類

---

22)　この点は，拙稿「公務員制度の射程」川上宏二郎先生古稀記念論文集『情報社会の公法学』（信山社，2002年）49頁において既に論じている。
23)　例えば，塩野宏『行政法Ⅲ（第二版）行政組織法』（有斐閣，2001年）201頁以下参照。
24)　同上79頁以下参照。
25)　米丸恒治『私人による行政』（日本評論社，1999年）388頁。

すべきことになる（公務従事者の多様化に即した新たな規制方法模索の必要性）[26]。

特別行政主体の職員でも，とりわけ公共性の高いものについては，公務員法上の公務員とすべきである。公務員法上の公務員を国・地方公共団体の職員に限定することは，従来あたかも当然の前提のごとく理解されてきたが[27]，今後は，このようなドグマが再検討されなければならない。事実，特定独立行政法人や郵政公社の設立により，このドグマは実定法上既に崩れている（独立行政法人通則法2条2項，日本郵政公社法50条）。もっとも，この点については，制度改革を容易にするために取られた政治的解決で，理論的根拠はないとの指摘がある[28]。件の処理が政治的解決であることは否定し難いとしても[29]，国・地方公共団体以外の法人に，公務員法上の公務員が存在しうることは，理論的にはむしろ自然である。冒頭で述べたように，公務員制度とは，適切な行政サービスの提供を確保するための行政法システムであるが，その人的対象範囲が，国・地方公共団体が直接執行する業務の範囲と，当然に一致するとは限らない[30]。一部の特別行政主体における公務員法上の公務員の存在は，諸外国では一般的であり，我が国でも，かつての食糧供給公団に例がある[31]。塩野宏が指摘するように，これまでの実定公務員法が国・地方公共団体の職員にその対象を限定してきたのは，一定の割り切りに過ぎなかったというべきである[32]。

以上のように，公務員制度の射程画定は，所属団体が国・地方公共団体か否かという形式的基準によるのではなく，いかなる公的事務を担当する者かという，実体的基準によるべきである。

2　国・地方公共団体の職員は公務員？

国・地方公共団体以外の団体にも，公務員法上の公務員が存在しうるのであ

---

26)　清水敏「「公務」従事者の多様化と「公務」労働の規制」法時75巻5号（2003年）24頁。
27)　拙稿・前掲注22)論文51頁注(1)掲記の文献参照。
28)　同上・注(2)掲記の文献参照。
29)　塩野・前掲注23)書83頁参照。
30)　塩野宏『行政組織法の諸問題』（有斐閣，1991年）15頁参照。
31)　塩野・前掲注23)書82頁。諸外国の概要については，同・84頁注(2)引用の文献参照。フランスについては，拙稿・前掲注22)論文52頁以下参照。
32)　塩野・前掲注23)書206頁参照。

シンポジウム（報告③）

れば，国・地方公共団体の職員であっても，担当職務の内容次第では，公務員法上の公務員とすべきではないものも存在しよう。これまで，国・地方公共団体に勤務する者は，その職務内容や勤務形態を問わず，全て公務員であることが当然の前提とされてきたが，このようなドグマも再検討に値する。重要なことは，担当職務の内容，つまり，公務員制度で規制すべき公務としての業務・職務であるか否かである。国・地方公共団体による民間労働法適用労働者採用の承認は，諸外国ではごく普通に見られるところであり[33]，かつ，2002年報告等が目指すところの，各自治体が多様な人材を有効に活用できるシステムの実現にも適うのではないだろうか。

もっとも，国や地方公共団体の職員を，担当する職務内容ごとに整理分類することにつき，かなりの困難が伴うことは容易に想像がつく。ある程度は，形式的基準で割り切らざるを得ないだろう[34]。例えば，任期付職員が担当すべき職務かどうか，非常勤で可能な職務か，といった基準が一考に値する。

以上，公務員の勤務形態多様化を巡る法的検討は，公務員とは何か，公務とは何かといった，公務員法の基礎理論に立ち返った考察の必要性を導く。このような議論は，雇用政策法理論にも一定の考察素材を提供するものと考える。

(しもい　やすし)

＊脱稿後，2003年12月25日の地方公務員制度調査研究会報告「分権新時代の地方公務員制度」に接した（同報告については，総務省自治行政局公務員課「地方公務員制度調査研究会報告『分権新時代の地方公務員制度——任用・勤務実態の多様化——』について」地方公務員月報平成16年1月号26頁参照）。紹介すべき点は多いが，本稿との関係で注目されるのは，「公務の中立性の確保や職員の長期育成を基礎とする公務の能率性の追求等の観点から，任期の定めのない常勤職員を中心とする公務の運営という現行地方公務員制度の原則は維持」すべきとしつつ（4.(1)），まず，本格的業務を担当する任期付き短時間勤務職員制度の創設を検討すべきとし（5.(2)），次に，「職が一時的又は時限的であり，任期の定めのない職員のみによることが必ずしも効率的でない場合については，任期付きの採用を法律上の措置として認めていいのでは

---

33) フランスの例につき，拙稿・前掲注22)論文73頁，同・前掲注20)論文36頁以下参照。
34) 塩野・前掲注30)書256頁参照。

ないか」として，任期付き採用の拡大を唱え（5(3)①），採用選抜の方法については，いずれについても，「常勤職員と同様，競争試験又は選考によることを基本とすべき」とする点である（5.(2)③，同(3)②）。他方，任期付き採用職員の身分保障については，特に触れていない。なお，2004年3月9日，「地方公務員法及び地方公共団体の一般職の任期付職員の採用に関する法律の一部を改正する法律案」が閣議決定され，同年通常国会に提出される予定と報道されている（2004年3月8日日本経済新聞）。

　また，2004年1月16日，司法制度改革推進本部行政訴訟検討会が，「行政訴訟制度の見直しのための考え方」を発表したが，処分性の拡大については触れていない（同報告については，ジュリスト1263号特集「行政訴訟制度改革」所収の鼎談及び諸論文参照）。同年3月に司法制度改革関連法案の一つとして公表された「行政事件訴訟法の一部を改正する法律案」では，現行の抗告訴訟システムが維持されており（現行制度の枠組みを基本的に維持することが改革の前提となっているとの指摘として，交告尚史「訴訟類型と判決態様」ジュリ1263号（2004年）57頁），公務員の再任用拒否につき，司法救済の可能性は期待できない結果となった。

雇用保険法制の再検討
―― 基本原理に基づく制度の再設計 ――

藤 原 稔 弘

(関西大学)

I　はじめに――本稿の課題と方法

　周知のように，昨年雇用保険法の重要な改正があり，新しい法律が2003年5月1日より施行されている[1]。本稿の課題は，雇用保険法が立脚する基本原理を明らかにし，続いて，明らかとなった原理，原則にもとづき，雇用保険法という法システムを設計し直すことである。このような課題を達成するために，どのような考察方法が取られるべきであろうか。憲法上の労働権等の規定は，現在の経済体制を前提とすると，プログラム規定的性格を免れず，かつ内容が抽象的であるため，具体的な法制度設計の基準となる政策原理を導き出すことは困難でる。そこで，次のような方法を採用することとした。

　まず，雇用保険という法制度の基本的特質上，今日これが一般に，どのような課題あるいは役割を担うべきものとして期待されているかを明らかにする。次に，これらの課題や役割が，いかなる法的価値ないしは権利の実現に寄与するものであるかを検討する（基本原理の考察）。続いて，雇用保険法上の個別の制度ごとに，これらの基本原理（基本的な課題や役割およびそれと関係する法的な権利や原則）がどのように実現されるべきかを明らかにし，個々の制度のあり方に検討を加えることにする。そして最後に，雇用保険法制の全体的な構成について考察を行うこととする（基本原理に基づく制度の設計）。

---

[1]　今回の雇用保険法の改正の背景，経緯および改正内容については，中窪裕也「雇用保険法の改正―財政危機下の制度再編―」季刊労働法203号（2003年）148頁以下が詳しい。

Ⅱ 雇用保険法制の基本的課題と法的権利ないしは法的原則

　雇用保険は，労働者の失業時の生活保障を目的とする拠出制社会保険制度の特質を持つものである以上，今日，次のような基本的な課題あるいは役割を果たすことを期待されている。

1　セーフティネットとしての機能の充実

　まず第一に，失業者の生活保障を目的とする点で，雇用保険は，いわゆるセーフティネット機能[2]を十分に果たすことが期待されている。これは，歴史的に見て，失業給付制度の果たすべき最重要の機能であったばかりでなく，今日の日本において，不良債権処理の進行に伴い，今後失業者が増加することが予測される状況下で，セーフティネット機能の充実の必要性は大きい。失業給付の額の増加や給付期間の延長および雇用保険の適用対象者の拡大等が切実な要求となっている（完全失業者数に占める一般求職者給付の受給者実人員数の比率＝受給者比率は，平成13年度32.7％，14年度は30.5％であった）。

　失業給付[3]は，労働能力の喪失あるいは減退による所得の喪失を補うことのみを目的とする他の所得保障（障害年金や老齢年金等）と異なり，失業者が再び職業生活に入ることを支援，促進するという機能を内包していると解される。こうした再就職促進機能の強化も，セーフティネットの充実という観点から重視しなくてはならない。

2　拠出制社会保険制度としての雇用保険の財政的維持

　雇用保険制度は，拠出制社会保険制度の一つとして，保険料と国庫助成によ

---

[2]　本稿では，雇用セーフティネットを，失業ないし離職の状態にある労働者への生活保障を中心とする様々な支援策の総称と解しておく。なお，セーフティネット概念の多義性については，野川忍「雇用セーフティー・ネットを超えて」ジュリスト1221号（2002年）40頁以下参照。

[3]　本稿で失業給付とは，拠出制の失業保険にもとづき，失業労働者の生活保障のために行われる保険給付のことを意味している。

りその財政が維持されている。しかし，雇用保険の財政は，バブル崩壊後の経済状況の悪化に伴う失業率の急上昇により，近年急速に悪化した（厚生労働省によると，失業等給付の収支は，平成10年度から3年連続で1兆円前後の赤字を出し，積立金残高も，平成9年度に3兆8975億円であったのに対し，その後年々急激に減少し，14年度には1448億円となりほぼ枯渇状態になった）。雇用保険制度が破綻した場合の社会的影響を考慮すると，財政的に制度を持続安定させる必要性は大きい[4]。

今回の法改正以前，失業等給付に関する法律本則の雇用保険料は，原則賃金総額の1.2％（これを労使が折半，この上に雇用保険三事業に係る事業主単独負担の0.35％の保険料が加わる）であった。2002年10月1日，雇用保険財政の悪化等を理由に，いわゆる弾力条項が発動され，0.2％引き上げられた結果，原則1.4％となった。今回の法改正により，失業等給付に関する法律本則の雇用保険料は，原則1.6％に引き上げられたが，暫定的な措置により2005年3月31日まで1.4％に据え置かれることになった（労働保険徴収法付則9条）。なお，弾力条項による保険料率の変更幅は，プラスマイナス0.2％が維持されている。

ところで，セーフティネットとしての機能の充実（給付額の増加や失業給付の給付期間の延長）は，逆に，場合により再就職促進機能を阻害するという機能を果たす可能性もある[5]。こうしたモラルハザードを極力排除することは，雇用保険制度が財政的観点から持続的安定性を持つためにも不可欠の重要性を有する。しかし，制度の例外的な悪用にすぎないモラルハザードの防止を理由に，雇用保険にもとづく給付の水準を現行より引き下げ，その本来の機能を抑止することは疑問である。

3 失業防止の機能およびエンプロイアビリティの強化への支援

雇用保険制度には，失業を防止し雇用を確保するために，積極的雇用政策の

4） 樋口美雄「失業のセーフティ・ネットと雇用保険制度改革の方向」学術の動向5巻2号（2000年）25頁参照。
5） 失業という保険事故自体に，労働の意思と能力という主観的要素が含まれているため，失業保険制度は，モラルハザードの生じる可能性が他の社会保険より大きい（小西康之「長期失業に対する失業給付制度の展開と課題」『講座21世紀の労働法第2巻・労働市場の機構とルール』［2000年，有斐閣］253頁参照）。

機能を持つ措置を展開することも期待されている。失業防止には，特定企業での雇用の確保のみならず，特定企業での雇用を喪失しても失業を経ないで再就職をスムーズ行い得ることが重要である。そして，このいずれのためにも，労働者のエンプロイアビリティ（雇用可能性）[6]を強化することが不可欠であり，雇用保険には，エンプロイアビリティの強化のために，労働者個人に経済的支援を行うことが要求される。

4　法的権利ないしは法的原則との関係（法的正当化の問題）

以上のような雇用保険制度に期待された基本的な役割は，どのような法的権利の実現に寄与するのかあるいはいかなる法的原則にもとづくものなのであろうか。次に，この点の検討を行いたい。

(1)　セーフティネット機能の充実

まず，憲法25条の生存権，27条の勤労権（労働権，適職選択権を含む）にもとづき，セーフティネット機能の充実が要請される。上述のように，通説的見解によると，憲法27条は，国民に特定の立法を求める具体的権利を保障したものではない[7]。しかし，雇用保険制度の法制度設計に際し立法者は，完全な裁量権を持つわけではなく，既存の雇用関係法の保障（給付）水準を引き下げるとき等には，合理的理由を要し，合理性のない給付水準の引き下げは違憲評価を受けると解し得る[8]。そして，この場合，違憲審査基準としては，立法者に一定の裁量の余地を認める「合理性の基準」が適用される。

(2)　拠出制社会保険制度の財政的維持

雇用保険については，他の社会保険と同様に，保険技術ないしは保険固有の

---

6) エンプロイアビリティとは，「使用者から評価されて，雇用につながる，労働者の能力」という基本的性格を有する。その概念につき，詳しくは諏訪康雄「エンプロイアビリティは何を意味するのか？」季刊労働法199号（2002年）81頁以下。
7) 憲法27条1項の「勤労の権利」の性格および内容については，芦部信喜編『憲法Ⅲ人権(2)』(1981年，有斐閣) 431頁以下（中村睦男執筆）が詳しい。
8) 法律事典編集委員会編『労働運動市民運動法律事典』(1979年，大月書店) 79頁（籾井常喜執筆）によると，給付水準の合理的理由のない引き下げは，憲法27条にもとづく国の雇用保障努力義務に違反し違憲評価を受けるという。なお給付水準の引き下げと憲法25条との関係については，西村健一郎『社会保障法』(2003年，有斐閣) 39頁以下参照。

シンポジウム（報告④）

原則（収支相当，給付・反対給付均等，保険加入者平等待遇）が，どこまで妥当するか疑問である[9]。法令の定めにより強制加入で，厳密に保険料と保険給付との収支バランスを取ることは予定されておらず，リスクに関係なく保険料が定まる。使用者の一方的負担の制度をとることもできるし，財源を保険料のみならず，一部，公費（国庫負担）に求めることも可能である。

しかし，セーフティネット機能には，失業の増加に伴う社会的不安を取り除くことも含まれるとすれば，制度の財政的維持自体も憲法27条等にもとづく法的な要請であるといえる。また，社会保険においても収支相当の原則は妥当する[10]。それゆえ雇用保険制度の設計に際しては，保険料と国庫負担からなる収入と，制度にもとづく給付との均衡を重視しなくてはならない[11]。

（3）失業防止の機能およびエンプロイアビリティの強化への支援

エンプロイアビリティの強化への支援は，キャリア権の保障（一つの企業に依拠した職務や雇用保障の終焉に伴い労働移動が活発化する中で，個人の職業キャリアを中断なく円滑に発展させること）にとり重要である。キャリア権とは，個々人の職業キャリアの準備，形成，発展の一連の過程を総体的に把握し，これら全体が円滑に進行するように基礎づける権利であり，個人の尊厳や幸福追求権（憲法13条），生存権（25条），労働権（27条），職業選択の自由（22条），教育権（26条）等の諸権利を職業キャリアの視点から統合した権利概念である[12]。

Ⅲ　雇用保険法の個別的制度の設計

以上の基本原理にもとづき，雇用保険法上の個別の制度がいかに設計されるべきかが次の検討課題である。この場合，基本原理のすべてが同じように実現

9）民間保険と比較しての社会保険の特徴については，岩村正彦『社会保障法Ⅰ』（2001年，弘文堂）40頁以下に的確な指摘がある。
10）西村・前掲注8）書26頁以下参照。
11）中窪・前掲注1）論文161頁も，長期的方向として，負担と給付のバランスを取ることの重要性を指摘している。
12）キャリア権の法的概念や課題等につき，詳しくは，諏訪康雄「キャリア権の構想をめぐる一試論」日本労働研究雑誌468号（1999年）56頁以下。

されるのが理想的であるが，それが不可能な場合，基本原理相互の調整が必要となる。

1　基本手当に関する問題点とその検討

　基本手当は，失業給付として失業中の労働者の所得保障を行う中心的な制度である。基本手当をめぐる論点としては，後述の給付制限や失業認定の問題を除けば，基本手当の算定方法と所定給付日数をめぐる問題が重要である。

(1)　基本手当の算定方法について

　基本手当の給付内容は，受給資格者が受け取る基本手当日額と所定給付日数により決まる。基本手当日額は，賃金日額に50％から80％（60歳から64歳は，45％から80％）の給付率を掛けることによって算出される。賃金日額は，原則として被保険者期間として算定された最後の6カ月間に支払われた賃金（臨時に支払われる賃金および3カ月の期間を超える期間ごとに支払われる賃金を除く）の総額の180分の1相当額である（今回の改正により賃金日額の上限および屈折点が下方修正された）。なお原則1年間以内（離職の日の翌日から起算）の受給期間が存在し，受給期間の存在理由は，雇用保険制度が短期の失業に対する所得保障を目的とすることである。

　今回の法改正で給付率が引き下げられた（以前は，60％から80％，60歳以上64歳までは50％から80％であった）。その理由は，基本手当日額の算定が失業直前の賃金を基準としているため，給付率が以前の状態だと，60歳から64歳の高年齢層を中心に，基本手当日額と再就職時賃金日額との逆転現象（つまり，後者が前者より低いこと）が生じ，失業者の就業意欲あるいは再就職意欲を低下させていることへの配慮である。すなわち，こうしたモラルハザード問題に対処し，受給者の早期再就職を促進するために，再就職時賃金の実勢も考慮し，基本手当の給付水準を確定すべきとされた。

　2003年の法改正につき雇用保険部会に提出された厚生労働省の資料をみると，30歳から44歳の年齢層を除いて，基本手当日額8000円以上のグループで，基本

---

13)　第4回雇用保険部会（平成14年5月16日開催）の配布資料・資料 No. 1，17頁以下。

手当日額と再就職時賃金日額（手取ベース）との逆転現象（再就職時賃金日額が基本手当日額よりおよそ3％から10％程度低いという現象）が生じている。特に，60歳から64歳の高年齢層では，逆転現象が顕著であり，再就職時賃金日額の基本手当日額に対する比率は，基本手当日額8000円以上のグループにつき，税込みで77.4％から85.6％，手取りで67.7％から75.4％である。

しかし，60歳以上の高年齢層を除いて，逆転現象が失業者の再就職意欲を阻害していると結論づけることには明らかな飛躍がある。特に，40歳から59歳の年齢層では，逆転現象は，再就職の困難さと労働市場の厳しい現実を反映するものと評価すべきである。つまり基本手当の支給終了後，前職より賃金が低くなっても，自己および家族の生活のために，やむなく就職しているというのが実態であろう。

ところで，現行雇用保険法で採用されている以外の給付額の算定方法としては，(i)失業給付を（離職前6カ月間ではなく）より長期の賃金から算定するか，前職賃金に関わりのない定額制にする方法，(ii)逓減方式（離職直後は，高い給付水準を維持しつつ，その後は逓減）および，(iii)一部後払い方式（育児休業給付の育児休業者職場復帰給付金と同様に）がある[14]。しかし，現行の給付期間や給付水準を前提とすると，いずれの算定方法も適切ではない。まず，セーフティネット機能の充実という観点からすると，失業中の所得保障の水準は，引き下げるべきではなく，再就職後に基本手当の一部を支給する(iii)の一部後払い方式は，この点で問題がある。また失業給付は失業時点での生活水準の保障を目的とするものであるから，(i)の方式は採用できない。(ii)の逓減方式も，給付期間中に受け取る失業給付額の合計が現行より削減される場合，同様の理由により採用できない。給付期間全体を通じての給付額の合計に変化がない場合，初期に給付額を多くし徐々に軽減させる方式をとっても，受給者が給付が多いときに貯蓄し，少なくなった時にそれを使うよう調整すれば，逓減方式はその意味を失う。もっとも，給付期間の大幅な延長を前提とするならば，給付額の合計も増加す

---

14) より長期の賃金を算定基礎とする方法や定額制，逓減方式は，大竹文雄「高失業率時代における雇用政策」日本労働研究雑誌466号（1999年）23頁等が，一部後払い方式は，深森芳昭「雇用保険制度改革の方途」関西経協2000年3月号16頁等が提案している。

るから逓減方式の採用も考えられるし，60歳以上の年齢層に対象を限定して一部後払い方式を導入することも検討されてよい。

結論として，セーフティネット機能の充実を図るという観点からは，基本手当日額の算定方法は，現行のままとし，給付率の引き下げも行うべきではない[15]。再就職意欲の低下を招いている事態（モラルハザード）に対しては，後述の就職促進給付のような再就職へのインセンティブを高める給付を工夫することや，求職意欲の確認（失業認定）を厳格にするという方法で対処するのが適切であろう。

(2) 所定給付日数をめぐる問題点

(a) 失業給付の貯蓄的あるいは退職金的性格

基本手当の所定給付日数は，年齢のみならず，被保険者期間（勤続年数に応じて長くなる保険料の支払い期間）と連動しており，公的年金（報酬比例年金）と類似の性格を有している（より多くの保険料を支払った者がより多くの給付を受け取るという性格）。このことから，失業給付を退職後に受給するのは権利であるという意識や，雇用保険を一種の貯蓄と考える傾向が生まれ[16]，平成11年度および12年度の雇用保険事業年報によると，雇用保険の一般被保険者の4％弱にすぎない60歳から64歳までの者が，一般求職者給付（短時間を除く）の受給者実人員の27％強を占めるという事態が生じている。こうした年齢層のどれくらいの者に，再就職意欲が現実に存在するか疑問である（モラルハザードの重要な形態）。

こうした事態に対処するには，失業給付につき，被保険者期間と所定給付日数とのリンクを断ち切り，基本手当（＝失業給付）の大きさ（給付額や給付期間）は，健康保険や労災保険と同様，失業という保険事故の内容（失業による被害の大きさ）によって決めるのが本来のあり方であろう[17]。つまり，給付期間（基本

---

15) 欧米諸国（OECD20カ国）との国際比較において，わが国の失業給付は，給付期間の長さで極端に短いのみならず，給付額（失業前賃金との置き換え比率30％）も下位グループに属しているという（橘木俊詔『セーフティ・ネットの経済学』［2000年，日本経済新聞社］149頁以下参照）。

16) 山口浩一郎「深刻化する雇用情勢と雇用保険の危機」週刊社会保障2021号（1999年）23頁は，わが国の雇用保険には貯蓄性が強く，危険分散のための保険でありながら，貯金という性格がついて回っていると指摘している。

シンポジウム（報告④）

手当の所定給付日数）は，再就職の困難度により決めるのが適当である（失業によって受ける経済的不利益は，給付額＝基本手当日額の算定に際し考慮される）。年齢は，再就職の困難度と関係するが，被保険者期間（勤続年数に応じて長くなる）はあまり関係がない。

これに対して，所定給付日数と被保険者期間とのリンクは，モラルハザードの防止策として，あるいは失業給付が長期雇用制度の維持という政策意図を実現するための誘導手段の機能を果たすために必要であるとの見解[18]もある。しかし，モラルハザードの防止のためだけには，被保険者期間による給付期間の格差が大きすぎるし，逆に高齢者のモラルハザードを生んでいるのが実状であり，モラルハザードには別の対処法（適切な受給資格期間の設定や給付制限等）を考えるべきである。また，雇用確保との関係でも，勤続年数に応じて長くなる被保険者期間と給付期間とのリンクは，50歳代の労働者の転職を抑制し，長期雇用システムが従来のように維持し難い状況下では，この年代の労働市場の硬直化を生じさせ，失業の深刻化を招く恐れが生じる。[19]

(b) 所定給付日数の離職理由による区分

所定給付日数の離職理由による区分は，前回2000年の法改正により導入され，今回の改正で，倒産・解雇等による離職者（特定受給資格者）には，給付日数を長くし，それ以外の離職者（非特定受給資格者）には，給付日数を切りつめるという方向性がより明確になった（通常の被保険者と短時間労働被保険者との所定給付日数の一本化が行われ，特定受給資格者につき35歳以上45歳未満の年齢層において被保険者期間10年以上20年未満で従来210日であったのが240日に，20年以上で240日であったのが270日に改正された）。こうした区分の導入の理由は，失業の要因を，単に自発的・非自発的の区別ではなく，離職に予め備え，再就職の準備ができるかどうか（つまり，再就職の困難度）により，給付の手厚さに差異を設けることである。[20] 定年退職者（非特定受給資格者）等の場合，予め退職に備え得るが，倒

---

17) 同旨，八代尚宏「雇用保険改革への視点」週刊社会保障2077号（2000年）33頁および橘木俊詔『失業克服の経済学』（2002年，岩波書店）71頁以下。
18) 小西・前掲注5）論文253頁以下。
19) 橘木俊詔他編著『安心して好きな仕事ができますか』（2003年，東洋経済新報社）66頁以下参照。

産・解雇の場合はできない。

　離職理由による所定給付日数の区分の問題点としては，離職理由の判定の困難さが指摘されることが多い。こうした判定の困難さを利用して，収益の悪化でリストラを進めたい企業が，労働者に辞めてもらう取引材料として，会社都合の給付期間の長い失業給付を活用することもある。このような使用者側のモラルハザード的な行動に対処する仕組みとして，保険料率についてのメリット制の導入が考えられる。[21]

　退職・離職に予め備えることができたかどうかにより，離職後，再就職先を探すのに必要な期間（求職期間）に差が生じるのは当然といえる[22]。それゆえ，離職理由は，再就職困難度（保険事故の大きさ）に影響することが大であり，離職理由による所定給付日数の区分は合理的である。離職理由の判定の困難さには，可能な限り判定基準を精緻化，客観化し，判定手続きを労使双方の意見を適切の反映するような仕組みにすることにより対処するしかない。

　（c）　失業の長期化に伴う給付の延長について

　①　失業の長期化の状況と所定給付日数の延長の当否　　近時，失業率の増加のみならず，失業の長期化が顕著になりつつある。厚労省の「平成15年版労働経済の分析」[23]によると，2003年1～3月期において失業期間1年以上の者は，112万人（完全失業者の30.9％）を占めており，長期失業率（長期失業者の労働力人口に占める比率）も1.7％となっている。こうした事態に対処するために，所定給付日数の大幅延長を行うべきであろうか。

　今回の法改正に関し，雇用保険部会に，雇用保険の受給終了後の就職者（全就職者の52.4％，残りの47.6％は，支給期間中，給付制限中等の受給終了以前の就職

20）　「中央職業安定審議会専門調査委員雇用保険部会報告書・雇用保険制度の再構築について（平成11年12月10日）」（厚生労働省職業安定局雇用保険課編著『改正雇用保険制度の理論』[2003年，財形福祉協会] 362頁以下）参照。

21）　こうしたメリット制の導入を提案する論稿に，高藤昭『社会保障法の基本原理と構造』（1994年，法政大学出版局）118頁および樋口・前掲注4）論文27頁等がある。

22）　再就職の難易は，求職者の年齢，職業経験と能力によるところが大きく，離職理由は，それほどの寄与度はないとの見解（清正寛「雇用政策と所得保障」『講座社会保障法第2巻・所得保障法』[2001年，法律文化社] 239頁）もある。

23）　厚生労働省『平成15年版労働経済白書』（2003年，日本労働研究機構）頁17頁以下。

表1 受給資格者の就職状況（平成12年度，全年齢）

	待期期間中	給付制限中	支給期間中	支給終了後					
				1カ月以内	2カ月以内	3カ月以内	6カ月以内	1年以内	1年超
実数（人）	46,861	211,684	212,975	290,803	58,031	42,845	74,743	47,060	5,452
構成比（％）	4.7	21.4	21.5	52.4					
				29.4	5.9	4.3	7.5	4.8	0.5
	（支給終了後計＝100％）			56.0	11.2	8.3	14.4	9.1	1.0

（注）　平成12年度の受給資格者の就職時期は，支給終了後1カ月以内が29.4％で最も多く，これは，平成9年度，11年度の傾向と同様である。

資料出所：厚生労働省雇用保険課作成

者）のうち，支給終了後1カ月以内に就職している割合が高い（56.0％と過半数）とする資料（表1参照）が提出されている。しかし，こうした人たちの中で，支給期間中に就職先を見つけていたのに，支給期間満了まで給付を受給した後就業を開始する者が多数を占めているとは考えられない。むしろ，多くは，雇用保険の受給が終了し無収入となることで，希望する労働条件より低い求人にやむなく就職しているのが実態ではなかろうか。したがって，支給終了後一カ月以内に就職している受給者の割合が高いという事実は，失業給付の存在が失業者の再就職意欲を弱め，失業を長期化させているという主張の根拠とはならない。

　他方，給付期間が延長されると，失業者には，労働力の売り急ぎをする必要がなくなることにより，再就職に当たっての選択肢が拡大し，交渉上有利な地位を確保できるから条件の良い雇用機会を掴むことが可能になる。それゆえ結論としては，モラルハザードを防止する措置（失業認定の厳格化，給付制限規定の活用，職業訓練の義務づけ，早期再就職の支援対策の強化等）を講ずることを前提に，現行の所定給付日数の延長を認めるべきといえる。

　②　既存の延長給付制度による対応と新たな長期給付制度の導入　　問題は，どのような方策によるべきかである。給付期間の延長につき，まず第一段階としては，雇用保険法上の延長給付制度のうちの，訓練延長給付制度を利用すべ

きと考える。今回の雇用保険法改正により，長期失業への対応策として，訓練延長給付制度の従来以上の積極的活用が行われることとなった。すなわち，すでに雇用対策臨時特例法（平成14年1月1日から17年3月31日までの時限立法）の2条により，45歳以上60歳未満の中高年齢者を対象に，最初の職業訓練の受講終了後に再度の受講ができるように，訓練延長給付制度の拡充が行われた。そして今回の法改正で，さらに，訓練延長給付制度の特例の対象者が35歳以上60歳未満に拡大され，特例の期間も「平成17年3月31日まで」から，「雇用及び失業の状況を参酌して政令で定める日までの間」となった（雇用保険法付則4条，期限は，現在，改正政令により，「平成20年3月31日まで」とされている）。

長期失業者の再就職には，職業訓練措置その他の再就職支援措置が不可欠であるから，長期失業に対する給付延長の方法としては，訓練延長給付制度を活用するのが，合理的であるように思う。職業訓練の種類や定員の大幅拡充と同時に，訓練を効率的に実施すること（真に再就職に繋がる職業訓練への早期の受講指示を行うこと）により，モラルハザードを防止し，再就職促進を図りつつ，長期失業者の所得保障を行うのがよい。

失業給付（基本手当）の延長給付期間が終了した後，再就職できない生活困難者には，現行制度では生活保護法の生活扶助等を受ける以外に救済の道はない。しかし，なお稼働能力を失っていない失業者の場合，適切な再就職支援措置を講じれば，再就業の可能性は残されている。それゆえ，いきなり生活保護（生活扶助等の受給）というのではなく，それ以前に利用可能な，新たな失業者の生活保障制度（就業支援措置とセットになったもので，費用は全額国庫負担）を導入すべきである。この制度は，費用が全額国庫負担でかつ自力で法定の最低生活水準を維持できないことが受給要件である点において，公的扶助に類似している。ただ，給付の受給資格は，失業状態（労働の意思と能力の存在等）を前提として認められるにすぎない。なお，この失業者生活保障制度では，就労援助

---

24) 失業の長期化に訓練延長給付制度を利用して対処することには，消極説（清正・前掲注22）論文241頁等）と積極説（山口・前掲注16）論文24頁等）がある。
25) 同旨，山口・注16）前掲論文24頁。
26) この制度にもとづく給付に期間を設定すべきかどうかは，結論を留保しておくこととする。

施策の積極的実施による自立助長が何よりも重要な意味を持つ[27]。

2　就職促進給付をめぐる問題点

就職促進給付の意義は，失業給付（基本手当）のスパイク効果（失業保険給付期間が満期に近くなると，失業から離脱する確率＝ハザード率が急に高くなること[28]）を減少させ，雇用保険財政の負担軽減や節約に寄与する点にある。従来の就職促進給付のうち，1984年の改正で設けられた再就職手当が特に大きな役割を果たしている。しかし，それ以前から存在した常用就職支度金等も額は小さいが利用されていた（雇用保険事業年報によると，平成13年度について，再就職手当は受給者数39万3599人，支給金額約1222億1000万円，常用就職支度金は，受給者数1万7949人，支給金額約32億4000万円であった）。

今回の法改正により，就業手当（非常用就業型，1年までの雇用への就職者が対象）の創設とあわせて従来の就職促進給付の就業促進手当（就業手当，再就職手当，常用就職支度手当）への整備・統合がなされ，再就職手当と常用就職支度手当（従来の常用就職支度金）の給付率も支給残日数の3分の1から30％に引き下げられた。

再就職手当の政策効果については疑問視する見解もある。すなわち，再就職手当を，それがなくても早期に再就職していた者が受給していたならば，その効果は疑問であり，再就職手当の支給は，雇用保険財政の悪化を生じさせているだけではないかとの指摘である[29]。しかし上述のように，本来失業給付（基本手当）に，失業者の再就職意欲を弱め失業を長期化させる効果が存在するかは明確ではなく，かつ現行の給付水準を下げることなく，本来の失業給付を再就職促進機能を高める仕組みにすることは困難である。それゆえ，再就職手当等の就職促進給付（失業給付受給者の早期再就職の意欲を高めるための特別の給付）の

---

27)　近時，生活保護行政において，生業扶助を活用し被保護者の「自立助長」を図る動きがみられる（石橋敏郎「資産・能力活用と公的扶助」『講座社会保障法第5巻・住居保障法・公的扶助法』[2001年，法律文化社] 201頁参照）。

28)　スパイク効果につき，詳しくは，橘木・前掲注15)書160頁以下。

29)　濱口桂一郎「労働基準法，労働者派遣法・職業安定法及び雇用保険法各改正案の論点」季刊労働法202号（2003年）52頁参照。

必要性は否定できないし，給付率の引き下げも賛成できない。

　前記のような再就職手当の政策効果についての疑問は，すべての助成金に関して存在するところであり，再就職手当の実効性の確保は，失業認定の際に，給付受給者の求職意思の確認を厳しく行い，再就職に向けての働きかけや支援（職業紹介や職業相談等を通じた）を強化することによって行い得る。なお就業手当（非常用型の就職促進手当）の創設は，常用雇用と非常用雇用との均等処遇という観点から歓迎すべきである。

3　雇用継続給付について

　雇用継続給付には，高年齢雇用継続給付と育児・介護休業給付がある。雇用継続給付は，失業していなくとも，「雇用の継続が困難となる事由が生じた場合」を保険事故として失業給付を支給することにより，失業を防止し，失業給付の節約と保険料の収入を維持・確保することを目的として，1994年の法改正に際し，導入された。今回の法改正により，高年齢雇用継続給付についてのみ，支給要件を現行の賃金低下率25％超から15％超に改めるとともに，給付率も現行の25％から15％に引き下げられている。

　一般に，雇用継続給付は，失業防止機能という一種の積極的雇用政策の機能を持つと言われている。この場合，「職業生活の円滑な継続を困難にする」事由を保険事故と捉えることにより，雇用保険からの給付が正当化される。しかし，こうした事由の発生は，60歳以上の高齢労働者が引き続き雇用される場合や育児・介護休業をする場合に限定されない。賃金減少や所得の部分喪失は，あらゆる年齢層について発生し得るし，私傷病の場合（健康保険から傷病手当金が支給される）等にも生じる。それゆえ，雇用継続給付の導入により，雇用保険の被保険者の間で給付の不公平，不公正が生じているといえる[30]。

　結論としては，雇用継続給付は廃止し，60歳以後の継続雇用への経済的支援

---

[30]　従来，二つの雇用継続給付には，様々な問題点が指摘されている（八代尚宏「雇用保険制度の再検討」猪木武徳・大竹文雄編『雇用政策の経済分析』（2001年，東京大学出版会）246頁以下および水島郁子「育児・介護休業給付」『講座社会保障法第2巻・所得保障法』［2001年，法律文化社］264頁以下）。

シンポジウム（報告④）

や育児・介護休業期間中の所得保障は，本来，雇用保険ではなく，高齢者雇用対策または少子化対策や高齢者福祉という全国民を対象とする，より普遍的な社会政策によって行われるべきである[31]。特定の労働者の失業回避という観点では，偏った制度になってしまうと考えられる。

4　教育訓練給付について

教育訓練給付は1998年改正で導入されたもので，労働移動の増加や必要とされる職業能力の変化に対応するために，労働者が主体的に教育訓練に取り組み，自己の職業能力の向上を図ることに対する支援制度である。

今回の法改正により，教育訓練給付の給付水準がかなり引き下げられた。すなわち，被保険者期間5年以上の者につき給付率を現行の80％から40％に，上限額も30万円から20万円に引き下げられている。引き下げの理由は，保険事故の特殊性（いくらの教育訓練を受けるかを本人が完全にコントロールしている）を考慮し，適切な自己負担の要求を通じて，真に必要な範囲で給付が行われるよう担保すること等である。従来の給付水準が相当に高かったかどうかは議論のあるところであるが，それよりも，教育訓練がより必要な状況にあるのに，資力が乏しい結果，訓練を受けられない労働者に給付を的確に行うことが重要である。それゆえ，支給要件を今回改正（被保険者期間3年以上で，5年以上よりも低額であるが，給付を受けられるようになった）よりもさらに緩和し，短時間労働被保険者や離職した失業給付受給者のより多くが給付を受けられるようにすべきである[32]。

個人主体のキャリア形成への経済的支援は，雇用のセーフティネットの充実のみならず，キャリアの陳腐化や中断により社会的に人材の浪費や枯渇化を招くことを防止するという公共的利益にも寄与する[33]。それゆえ，公的な経済支援は，拡充すべきであり，それも経済的支援の政策的効果（より必要な者に真に必

---

31)　濱口・前掲注29)論文54頁や八代・前掲注30)論文249頁も同様の問題解決の方向を示唆している。

32)　賃金水準に依存しない一律の給付水準も疑問視されている（黒沢昌子「職業訓練・能力開発施策」猪木武徳・大竹文雄編『雇用政策の経済分析』(2001年，東京大学出版会) 146頁)。

要な額の支援を行うこと）を考慮し，教育訓練経費の貸付制度を創設すべきである。雇用保険制度の枠内では，個人への貸付には限界があるから，この貸付制度は，全額国庫負担（公費）によるものとし，訓練経費のみならず，訓練のための休業あるいは休職中の生計費も貸付の対象とすべきである[34]。

5　失業認定の厳格化等の監視システムの整備について

既に述べたように，モラルハザードを押さえつつ，雇用保険制度のセーフティネット機能を高め，失業者の再就職を促進するには，失業認定の厳格化や雇用保険法32条の給付制限規定の積極的活用等の監視システムの整備が必要である。

今回の法改正以前に，平成14年9月2日の職業安定局長の通達（職発0902001号）により，失業認定の際の求職活動実績は，就職しようとする積極的意思を具体的かつ客観的に確認しうる活動であること，つまり職業紹介機関等での相談や求人への応募であることを要し，単なる職業紹介機関への登録，知人への紹介依頼等だけでは求職活動実績に該当しないとされている（これに合わせて，実務では，新しい失業認定申告書の書式が導入された）。また同じ通達で，職業安定所の職業紹介の拒否行為等の内容が明記され，かつ職業紹介拒否（つまり安定所の紹介する職業に就くことを拒むこと）の正当理由の範囲が狭められた（雇用保険法32条3号の意味の「就職先の賃金」の低下の限度が下方修正されたこと等）。そして今回の法改正により，こうした通達による見直しの趣旨を確認し，根拠づける法規定が設けられた（雇用保険法15条5項）。

前記通達による失業認定の厳格化および雇用保険法32条の給付制限の厳格運用等に対しては，求職活動の自主性の尊重，雇用選択の自由あるいは適職選択権との関係で疑問が提示されるだろう[35]。しかしこの場合，個人の選択の自由よ

---

33)　厚生労働省職業能力開発局『キャリア形成を支援する労働市場政策研究会報告書』（平成14年7月31日）（厚生労働省のホームページ＝ http : //www.mhlw.go.jp/houdou/2002/07/h0731-3a.html から取得）を参照。
34)　直接給付や融資以外に，個人主体のキャリア形成への金銭的援助の方法としては，能力開発促進税制（能力開発経費を所得控除する制度等）がある（厚生労働省職業能力開発局編『新訂版職業能力開発促進法』[2002年，労務行政] 20頁以下）。

りも，雇用保険制度の財政的維持という組織的目的を優先させざるを得ない。すなわち法的論理としては，雇用保険制度の財政的維持が，人権の制約原理である「公共の福祉」（憲法13条）の内容となり，適職選択権や雇用選択の自由を含む勤労権に政策的外在的な制約を課すと解すべきである[36]。

なお，厳格な失業認定や不正受給への適切な対応を行うためには，窓口での確認業務だけでは限界がある。求職実績やヤミ就労の有無等についての事実関係の確認・調査のために，特別の調査員を置く必要がある。また，失業等給付を受給するために必要な，離職前1年間を通算して6カ月の受給資格期間は，モラルハザードを防止するために現行のまま維持すべきである。

6 雇用保険三事業について

雇用保険三事業は，財源の事業主単独負担原則にふさわしい内容の事業に限定して，十分な政策効果の上げられるものについてのみ実施すべきである。今回の見直しにより，早期再就職や労働移動支援といった分野に三事業も重点シフトさせることになった[37]。こうした傾向をさらに進めて，個人主体のキャリア形成やエンプロイアビリティの強化を支援する企業への助成を積極化することが重要である。エンプロイアビリティの強化は，早期再就職のみならず，雇用維持＝失業防止にも寄与する。

---

35) 清正寛・良永彌太郎『論点社会保障法（第3版）』（2003年，中央経済社）173頁以下および184頁以下（山田耕造執筆）参照。
36) 勤労権の制約原理として，同じ27条1項所定の「勤労の義務」との均衡論が持ち出されることがある。つまり，勤労の義務を果たさない者，すなわち勤労の能力があり，その機会があるにもかかわらず勤労しようとしない者には，勤労権の保障が及ばないとする見解である（芦部編・前掲注7）書443頁［中村睦男執筆］等参照）。しかし，いかなる場面であれ勤労の義務の法的効力を強調することには，憲法18条との関係で疑問を感じる。
37) 『労働政策審議会職業安定分科会雇用保険部会報告書』（平成14年12月26日）（厚生労働省のホームページ＝ http://www.mhlw.go.jp/houdou/2002/12/h1226-8a.html より取得）参照。

Ⅳ　雇用保険法制の基本的構成

　最後に，以上の雇用保険法の個別的な制度の検討を総括し，雇用保険法制の全体的な構成の基本的枠組みを示したい。初めに，法制度設計の視点として特に重視した点を指摘しておく。まず第一は，モラルハザードの防止を理由として，雇用保険法にもとづく給付の水準を引き下げるべきではなく，モラルハザードに対しては，可能なかぎり他の方法で対処すべきであることである。第二は，拠出制社会保険制度としての雇用保険の基本的特質と整合しない給付については，社会保障法政策全体の中での，その位置づけの再検討を行い，必要により廃止することであり，第三は，個人への支援やサポートの強化と雇用保険制度の財政的維持という組織の論理とのバランスをとることである。

　雇用保険法制度の，①対象者の範囲，②保険料あるいは財源負担のあり方，③失業給付の給付水準や算定方法，④給付期間，⑤長期失業者に対応するための給付期間の延長，⑥雇用継続給付や教育訓練給付の制度上の取り扱い，⑦モラルハザードの防止策，⑧受給資格期間，および⑨雇用保険三事業の取り扱いのうち，③から⑨の問題については，上述により法制度設計の方向性を示し得たと考えるので，紙幅の関係上，ここで敷衍することは避ける。上述であまり言及できなかった①と②についてのみ，補足的に説明をすることとしたい。

　最初に，雇用保険の適用対象者の範囲であるが，まず第一に，短期雇用者や短時間雇用者については，現在雇用期間1年以上および週当たり20時間以上の労働という制約がある。こうした制約条件を，モラルハザードが技術的に防止可能なぎりぎりの線まで緩和することが必要といえる。第二に，雇用保険は，逆選択を排除し，なるべく多数の労働者で失業のリスクを分担する制度としなくてはならない。この立場からすると，失業リスクの高い短期雇用者や短時間雇用者を雇用保険の対象とするなら，逆に，事実上相対的に失業リスクの低い公務員も加入させないと不合理である。[38] このように可能な限り失業リスクを分散させることは，強制加入の社会保険である雇用保険の特質上も要請される。第三に，自営業者および新規学卒者は，雇用保険制度の対象外とし，生活資金

の貸付け制度等全額公費を財源とする離職者の生活保障制度を独自に設けるべきである。[39]

次に保険料負担，財源負担の問題である。まず第一に，労働移動の積極的な支援のため，労働者の自己都合退職の場合にも給付を行う必要があるから，保険料の負担を労使双方とすべきと考える。第二に，使用者が安易にリストラの責任を雇用保険制度に転嫁することを防止するため，失業等給付に充当される使用者の保険料負担部分について，メリット制を採用すべきである。雇用保険部会の議事録を見ると，厚生労働省は，メリット制の導入，つまりリストラ企業についてのペナルティ的保険料率の設定が，実務上困難であるとしている。その理由として，いい「リストラ」（倒産回避型のやむを得ないリストラ）と悪い「リストラ」（単に収益を上げるためにのみ行われる戦略的，予防的リストラ）との区別を，保険料徴収事務の大量処理の中で行うことは，非常に難しいことが指摘されている。[40] しかし労働者の立場からすると，いずれの「リストラ」も，予測不可能な離職の原因となる点で変わりはないし，前者のリストラの場合に保険料支払いの経済的余裕が企業にないときには，保険料の徴収猶予等の措置を講じればよい。

(ふじわら　としひろ)

---

38) 公務員が雇用保険の適用対象とされる場合，法令（国家公務員等退職手当法など）にもとづく退職手当から失業給付分を控除すべきあり，そうしないと，基本手当等の費用の25％の国庫負担との二重の負担になる（橘木他・前掲注19)書83頁以下参照）。
39) 自営業者の場合失業とは自分で自分を解雇することを意味し，モラルハザードの阻止が不可能に近いし，新規学卒者についてもモラルハザードの排除は困難であるという（橘木・前掲注17)書65頁以下参照）。これに対し，高藤・前掲注21)書117頁では，特定親企業に従属する従属自営業者を，雇用保険の強制加入対象者とし，その他の独立自営業者を任意加入とすべきとされている。
40) 第14回雇用保険部会（平成14年11月5日開催）の議事録（厚生労働省ホームページ＝ http://www.mhlw.go.jp/shingi/2002/11/txt/s1105-1.txt より取得）を参照。

〈シンポジウムの記録〉
雇用政策法の基本原理
―― 能力開発，雇用保険，公務員制度を手がかりに――

清水敏（司会＝早稲田大学） それでは，これよりシンポジウムを始めたいと思います。司会者のほうで，提出された質問を報告者ごとに分けて，質問者の方に質問の趣旨を述べていただいたうえ，それを受けて報告者からお答えをするというかたちにさせていただきたいと思います。

1 雇用政策法

● 雇用政策法の展開に対する認識評価

まず，森戸報告につきまして，東京大学の濱口会員から3点にわたる質問が出ているのですが，第1点目の「雇用政策の展開に対する認識評価について」という論点に関してお願いします。

濱口桂一郎（東京大学） 私の質問の1点目と2点目はほぼ共通のもので，同じ趣旨のことを，雇用政策法全般と，職業能力開発制度について質問するものです。報告では，これまでの政策は，企業での雇用の安定に重点を置く政策であったのが変わりつつあるという基本的な認識に立たれていました。それは確かにここ十数年ぐらいのところに着目すればそのとおりだと思うのですが，もう少し振り返ってみると，むしろ石油ショック以前の雇用政策，あるいは職業能力開発政策――当時は職業訓練政策といっていましたが――は，外部労働市場志向型であったのではないか。当時の政策的な言葉を使えば，職種と職業能力を中心とした近代的労働市場の理念というのが当時の雇用政策，あるいは職業訓練政策のもっとも重要なスローガンであったと思うのですが，これをどういうふうに認識あるいは評価されるのか，というのが質問です。その趣旨は，昔はこうだったと単に指摘したいということではなく，報告の中で今まではというふうにおっしゃった，政策とその時代の生活像，その一つ前の時代の政策，それから今移り変わりつつある政策と，どこが変わってどこが変わっていないのかということです。結局かつての60年代型の外部市場志向型の政策は，石油ショックの時にいわば崩壊しているわけですが，それをどういうふうに歴史的にとらえるかということが，これからの政策を考えるうえで非常に重要だと思いますので，そこのところの認識等の評価をうかがえればと思っております。

森戸英幸（成蹊大学） 濱口会員の質問用紙の最後に，「歴史を踏まえた考察が必要では」と書かれていまして，これは全くそのとおりです。私の報告では，大体こういう流れで来ましたということを申し上げたのですが。歴史的ないろいろな政策の流れを踏まえた分析は，率直に申し上げるとあまり深くやっておりませんでしたので，

雑駁な面もありますし，ご指摘は全くそのとおりだと思います。

学会誌に書くときにはぜひ考えたいと思いますし，濱口会員のご意見もうかがいたいと思うのですが，ただ，私の報告では一応そういう政策のいろいろな流れとは別に労働市場において個人の意欲をサポートするのが普遍的な論理であろうということで，それを前提とした報告をさせていただきました。その関係で，歴史的なことには触れる時間がそれほどはなかったというところはありました。

濱口会員の質問に，必ずしも正しい答えになるかどうか分かりませんが，確かに70年代以降，雇用の安定なり雇用維持重視の政策になったのであって，それ以前にはむしろ外部労働市場志向型の職業の安定を目指す政策であったのではないかというところは，まさにそのとおりだと私は思っております。ただ，それが現在の外部志向型の政策とどう違うかというと，それはこれから分析していかなければいけないと思っているのです。

オイルショック前の政策は，結局労働組合も含めて職種別の労使関係を意図していた，そうなることが近代的なのだという考えが支配的であって，労使関係全体が市場横断的な職種別労使関係のほうに動いていくだろうということを前提としていたのかなと認識しています。たとえば，労組法17条で「同種の労働者」と規定しているのもそうした考えの現れだろうと思います。今の外部市場志向型というのは，そういう労使関係を前提とした考え方とは少し違うと認識しておりますが，私からはこのぐらいです。

濱口（東京大学）　ありがとうございました。大体そういうお答えかなと思っていたのですが，私も基本的に，かつては職種型で，その後企業型と申しますか，雇用の安定重視になり，そして今キャリア志向になっているという大きな枠組み自体は，そうなのかなという感じもするのです。ただ少し疑問なのは，職種と職業能力を中心とした近代的な労働市場というふうに，60年代にいわれてきたものは，単純に職種型といっていいのかということです。職種型であるというのは確かなのですが，やはり職種の中で技能をだんだん深めていく，職業能力を向上させていくというモデルがあった政策志向ではないかと思います。

逆に，今日キャリア志向といった場合も，それぞれの企業の中で「どんな仕事でも言われればやります」というのではなくて，やはり一定の枠の中で，自分なりのキャリアを追っていく中でやっているという意味では，やはり広い意味での職種概念，拡大された職種概念というものがあるのではないか。

そういう意味では，職種と職業能力を中心とした近代的労働市場というものが昔型の職種型であって，今のキャリア志向とは違うというのはちょっと違うところがあるのじゃないかという感じを持っております。そのへんは私も今勉強しているところですので，偉そうなことは言えないのですが，もう少し何か突っ込んで考えることが可能ではないかと思っています。

森戸（成蹊大学）　私も，もう少し深く考えていくべきところがあると思っています。ただ，繰り返しになりますけれども，私は個人の意欲のサポートということで報告を組み立てておりまして，そのあたりで，昔のオイルショック以前の職種なり職業能力を中心としつつも一種集団的な捉え方をする論理と比べると，今のキャリア志向というのは，より個別的であるという違いがあると考えています。

● 職業能力開発の位置付け

清水（司会＝早稲田大学）　それでは次に，沼田会員の質問が出ています。

沼田雅之（法政大学）　今日の各会員のご報告を聞かせていただいて，大変勉強になりました。ただ，1点気になったのは，今回雇用政策法という枠組みの中で報告をするということでこういうことになったのかと思うのですが，職業能力開発の位置付けについてです。職業能力開発促進法を雇用政策法の中に位置付けることは，森戸報告の定義に従えば適当なことだと思います。

ただ，職業能力開発全般を考えると，アメリカなどでもいわゆるジョブトレーニングという観点からだけで説明されるわけではなく，エデュケーションという観点から，総合的な知的水準を全体的に高めるというところから始まって，それが結果的に職業能力につながっていくのだという発想があるわけですが，最初から雇用政策法という枠の中に職業能力開発を閉じこめてしまうと，何か問題自体が矮小化してしまうのではないかと思ったのです。職業能力開発と教育との接点などをどう考えていくかということをお聞きしたいので質問いたしました。

森戸（成蹊大学）　報告の射程を踏まえた上での質問だと思いますが，おっしゃることは一言で言えば，そのとおりでございます。雇用政策法の中だけで考えるだけでは，能力開発あるいは職業訓練の，全体像といいますか，教育面も含めたものの，まさに一面だけを切り出したものになってしまうことは事実だろうと思っています。

ただ，まさに今沼田会員自身がおっしゃったように，雇用政策法という中での位置付けということで，不十分ながら，能力開発なり職業訓練に触れさせていただきました。今ご質問いただいたようなことも踏まえて，しかし今回はとりあえず雇用政策法の中で考えようということで，このようなかたちになったというご説明をさせていただければと思います。

両角道代（明治学院大学）　私からの答えも，基本的には森戸会員と同じなのですけれども，確かにご指摘のとおりでありまして，能力開発は雇用政策だけの問題ではありませんし，ご指摘のように労働者だけではなく，あらゆる人を対象とした問題です。報告では，労働法との関わりの中で考えたため，その範囲がこのように限られてしまったということでございます。

● 労働力移動と労働者移動

清水（司会＝早稲田大学）　森戸報告に対する質問は，もう一つ宮島会員から出されております。宮島会員よろしくお願いし

宮島尚史（弁護士）　宮島です。簡単な概念の質問でお教えいただけたらと思うのですが，労働移動という用語を，森戸会員に限らずほかの報告の中でもお使いになられています。これは，労働力移動あるいは労働者移動とあえて区別する概念かどうかということです。労働力の移動と労働者の移動がある程度マッチしたときに労働移動という語が使われるのかと想起したので，その点に関する質問です。

森戸（成蹊大学）　どこまでご満足いただける答えになるか分からないのですけれども，私は労働移動というのは労働力の移動か労働者の移動かというふうに問われれば，労働者の移動の話だと思って報告をさせていただいています。繰り返しになりますが，私の報告は個人，つまり労働力ではなく，意欲を持った個人である労働者が移動しようという意欲をサポートする。それが雇用政策法だという枠組みで報告を組み立てていますので，お答えとしては，労働者の移動ということになるかと思います。

ただ，労働力か労働者かというところでもう少し深く厳密な区別をすべきであるということであれば，それはそのとおりであると思いますけれども，お答えとしては，労働者と考えています。

清水（司会＝早稲田大学）　宮島会員よろしいでしょうか。森戸報告に対する質問はもう１件，馬渡会員から出ております。馬渡会員お願いします。

● 外国人労働者と雇用政策法

馬渡淳一郎（神戸学院大学）　質問用紙に書きましたとおりですけれども，森戸会員のご報告のレジュメ等には，出入国管理については触れられていないように思いましたので，これは何か特に理由があるのか，それともたまたまお書きにならなかったのかと思いました。私見ですけれども，雇用政策法の領域の中に外国人労働力をこれからどのように入れるか入れないかという問題も当然浮かんでくるでしょうし，仮に入れた場合に，外国人労働者をどのようにサポートするかということも，雇用政策法の概念の中に含まれるのではないかと思いますので，お考えをお尋ねしたいと思います。

森戸（成蹊大学）　結論から申しますと，先生のおっしゃるとおりです。質問用紙には，出入国管理及び難民認定法には雇用政策以外の要素が含まれていることは否定できないけれども，考えてはどうかと書かれていますが，まさにそのとおりで，私の報告をお聞きになってお分かりになると思いますけれども，雇用政策というような要素を含んだものを，できるだけ網羅的に取り上げて全体像をご説明しようという趣旨の報告でありました。

その割には，出入国管理なり難民認定なり，その辺の話を完全に落としてしまっていました。今日の資料を作成するときに，何となく無意識に国内の話ということで私の頭の中で完結して考えてしまったのかもしれません。

やはりこのことも，全体像として触れるべきであったと今思っていますので，学会

誌には，今ご質問いただいた趣旨を生かして書かせていただきたいと思っています。

清水（司会＝早稲田大学）　馬渡会員よろしいでしょうか。それでは他に質問はございますでしょうか。

● 職業訓練教育とキャリア

毛塚勝利（専修大学）　報告全体の位置付けとして個人のサポートシステムという観点から基本的な考え方等をご説明なさったのだと思うのですが，戦後，日本も積極的雇用施策を展開して，職業訓練を重視してきたと思います。それが機能しなかったという原因をどこに見るのか。従来の職業訓練教育が雇用政策として，必ずしも評価に値しないとするならば，その原因がどこにあったかということについてお聞きしたいと思います。

両角（明治学院大学）　今の毛塚先生のご質問は，70年代以降の企業内教育訓練を助成してきた政策についての，あるいはそれに対する評価のご質問と理解してよろしいでしょうか。

毛塚（専修大学）　職業的能力を高めることに関する政策は従来も行われてきたと思います。それが必ずしも十分ではないという反省に立って，新しい雇用政策が必要という考えで今回の報告を組み立てたのならば，従来の問題点はどこにあったとお考えでしょうかということです。

両角（明治学院大学）　はい，分かりました。私としては，従来の企業に対する助成，企業内教育訓練を促進しようとする政策自体に意味がなかったとか，価値がなかったというふうに思っているわけではありません。

むしろ私の問題意識は，それに価値がなかったのではないけれども，それではカバーできない新しいタイプの需要が出てきているので，それに対応する政策を新たに考えなければいけないということです。

あと，先ほど濱口会員からオイルショック以前の別のタイプの職業訓練政策についてコメントをいただきましたけれども，そちらは私が知る限りでは，むしろ当時の日本の労働市場は職種別の労働市場に向かうべきであるとしてそのような方向に作り替えようとする政策で，それは必ずしも実現しなかったけれども，企業中心型の政策については意味がなかったとは考えていません。

毛塚（専修大学）　両角会員に限った質問ではないのですが，今回の報告で，雇用政策の新しい考え方の受け皿をどう考えているのかお聞きしたいと思います。例えば，今職種別とおっしゃいましたけれども，職種別の労働市場の中であれば，職種別の職業訓練をすればそれなりの受け皿はできるわけです。

今回，キャリアという言葉を，諏訪会員の言葉を採って皆さんお使いになるわけですが，キャリアは非常に不定形であるので，業務以上に市場性はありません。その定型性のないものを市場に出したときに，それを受けとる企業が積極的に評価できるようなシステムがあれば，外部市場型の職業訓練，キャリア教育もあると思うのです。ではキャリアを受け止める企業なり市場とい

うのが形成される可能性を，どのようにお考えになって理論を立てていらっしゃるのでしょうか。

諏訪康雄（司会＝法政大学）　今の毛塚会員のご質問は，キャリアという考え方は社会的な受け皿がないとうまく動かないだろうという，非常に適切なご指摘だと思います。

キャリアという問題を考えるときには，一つは，理念論で法理論的に基礎付ける必要がありますが，他方では制度論的に枠組みを考えていく必要がある。その一つが外部労働市場の整備ですが，もう一つはキャリアの核になるものとしてエンプロイアビリティーを高める職業訓練も非常に重要な問題になってきます。

さらには，先ほど的確に沼田会員からご指摘がありましたように，生涯学習のシステムですとか，あるいは学校教育と，社会の現実との間の橋渡しをしていくようなシステムを考えていかなくてはいけない。そのような意味でキャリアの受け皿をこれから整備していかなければならないと思います。

これまではキャリアはどうなっていたかというと，それは雇用というものの中に溶け込んでいたものでして，これまでは，ある企業における雇用をできるだけ保障していく，安定化させていく中に，さまざまなキャリアの発展の余地を含めていたわけです。そのような政策が，今もってそれで十分であるというのであれば，今後も企業向けの政策を中心にやっていけばよい。企業に補助金を出して，そして企業にさまざまな訓練をさせていけばいいということになると思います。

しかしながら，国内だけではなく国際的傾向だと言ってよいと思いますが，どうもそういうかたちでは受容しきれない。逆の言葉で言えば受け皿がなくなってきているわけでして，受け皿をはみ出ているというのでしょうか，そうした流れがあるのではないか。そう考えますと，新たな別の受け皿を作っていく必要があることになります。

言葉を変えて言うならば，温泉地に旧館が建っていて今までそこで思い切りみんなで演歌を歌ったりして楽しく宴会をやっていたわけですが，「演歌なんて嫌だよ」という人も出てくるし「古いタイプの建物じゃ嫌だよ」という人たちも出てきたとしたならば，新館を建てていく必要がある。

そこでは何が音楽として歌われるかちょっと私はよく分かりませんけれども，そのような新しい動き，新しい一つの政策的な選択を考える必要があるのではないかと，私個人は考えております。

毛塚（専修大学）　反論というわけではないのですが，受け皿の作り方が問題になると思います。従来，一生懸命職業訓練学校に通ったけれどもあまり意味がない。その「意味がない」部分を「意味がある」ようにする，媒介のシステムをどうするかという設定がなければならないと思います。私は，個人に焦点をあてることは賛成ですが，個人に焦点をあてたから，それで満足とはならない。そのあとのシステムが重要です。

ヨーロッパであれば横断的な労働市場あ

るいは労使関係の中でできたシステムがそれなりにありますけれども，日本にはない。このようなところで，個人がキャリアアップのため訓練をしたとしても，ではどこでそれを受け取ってくれるのか。将来の見込みがない職業訓練をやっても意味がないですので，その辺の具体的な受け皿が設定されて，整備されないと意味がないのではないかということです。

諏訪（司会＝法政大学）　おっしゃるとおりだろうと思います。ただしそれは，鶏が先か卵が先かみたいな議論でありまして，お互いにやり取りをしながら，行き来をしながら今動いている状況でありますから，鶏がいないのに卵なんてどうして出てくるのだとか，あるいは卵がない所でどうして鶏が出るのだと，こういうかたちで議論をしますと，あまり生産的ではないのではないかという気がしています。

媒介の論理が必要なのは全くそのとおりでして，われわれもそういう部分をシステムとして考えていかなければ，単に，市場に任せればどうにかなるというものではない。個人が全くサポートなくしてキャリアを徹底していくことのリスクは大変なものがあります。今までの雇用のシステムの中に溶け込ませた政策は，こうしたリスクヘッジ，変化の時代の中でのリスクヘッジを掛けたものだと私は考えます。その意味では両角会員のご意見も，こういうリスクをうまく社会的に分散化して公正な働き方を作っていくという観点のものでした。

ただし，媒介項が十分に今回の報告ではまだ作られていないのではないかということであれば，それもまたそのとおりではないかと思います。

最近フィンランドモデルが注目されつつあります。職業訓練については，スウェーデンモデルがこれまで有名で，これについては両角会員は現地に留学されて勉強してきているわけですが，フィンランドモデルでも公的な職業訓練等に対して対GDP比において，日本の約10倍の費用を掛けている。そして本当なのかと思うのですが，最近のブームで現地に行ってきた人たちの話によると，国民の働く人たちの半分ぐらいが職業訓練を年間に受けている。

このようにエンプロイアビリティーを高めることによって，今年の国際競争力のランキングでフィンランドが1位に躍り出たわけです。こうしたものがどこまで学問的に見て意味があるかというのは脇に置きますが，いずれにしても日本も本格的にこうした受け皿制度を作っていく。それに向けてわれわれ学会員の研究者もさまざまな提言をしていく必要がある。あるいは理論的深化を図る必要があるのではないかと，私は個人的に思います。

清水（司会＝早稲田大学）　よろしいですか。森戸会員に対する質問は岡山大学の高木会員からも出ておりますが，両角会員の職業訓練の問題に近いと思いますので，両角会員のところでお答えいただくことにいたします。以上で森戸会員に対して予め出された質問にすべてお答えしたことになりますが，総論の森戸報告に対する質問あるいはご意見がございましたら出していただけますか。

シンポジウムの記録

● 労働組合の役割

斎藤将（元福岡工業大学）　元福岡工業大学の斎藤でございます。今，受け皿のお話があったのですが，労働組合として，あまりこういう側面に関心を払ってこなかった。たとえば，養成校を組合が設立して，これを労働者の権利としてとらえるという，視野を欠いていた。これも大きなことではないかと思います。私は必ずしも，今後労働組合がこうしたことをやっていくことになるとは思いませんけれど，しかしその線も少しあるのではないかという気がしています。

森戸（成蹊大学）　私の報告では，一応個人のサポートシステムということで報告を組み立てたため，今斎藤会員からお話がありました，労働組合の動きというのは歴史的なものの含めて報告からは落ちてしまっています。しかし今おっしゃったように，労働組合としての職業訓練も含めた取り組みが必要だということには私は異論はございません。

諏訪（司会＝法政大学）　あまり私が発言すると，司会者の域を超えているとお叱りを受けそうなので，一言だけ申し上げておきますと，斎藤先生も恐らくご存じだと思いますが，今，電機連合がキャリアという問題を組合として真正面から受け止めた方針を出そうとしています。うまくいくかどうか分かりませんが，職種といった大くくりでありますが，産業の中で途切れていくという可能性がない職種別のモデル賃金を使って，さまざまな試みをしていくというものです。

また，伊勢丹労組は，企業の側とも協力して組合員，従業員に対するキャリア教育のメカニズムを採り入れようとしているとうかがっています。

その他，私の知らない範囲で，恐らく労働組合が新たな模索をされている例もあるのではないかと思います。ただし，それは全体的な流れになっているかというと，とてもそうは思えないのは斎藤先生のご指摘のとおりだと思います。

2　公務員の勤務形態多様化政策

清水（司会＝早稲田大学）　それでは，森戸報告をめぐる討議を終わりまして，次に下井報告に対する質疑に移りたいと思います。下井報告に対しましては，宮島会員から3点にわたる質問が出ておりますので，よろしくお願いします。

● 日々雇用と任期

宮島（弁護士）　イエス・ノーで答えられるようなものだけで問いたいと思います。まず，日々雇用ですが，まず，いったい日々雇用は有期雇用なのかどうか。それとのかかわりで特別職なのかどうか，それからそれによって雇い止めの手続や出訴期間に影響がでるのかどうか。それが最初の2つです。特別職かどうかを加えると一つ増えると思います。

3番目。最後は，この人たちが公傷，民間で言うと労災，職業病にかかっているという事例がかなり聞かれるわけですが，それの処理についてどういうふうになるのだ

ろうかということです。要するに最高裁の平成6年7月14日判決，阪大の職員の雇い止めの事件。私の記憶に間違いがなければ，これはまさに日々雇用の労災というか，公傷にかかった職員が雇い止めになったという事案です，そういうことについてご教示いただければ幸いです。

下井康史（新潟大学）　まず日々雇用が有期かということですが，これは報告の中でも一言だけは触れたのですけれども，これも有期と考えております。少なくとも法形式上は有期であるということです。ただ，ほとんどの日々雇用職員は，とりわけ国の場合は一定の自動更新が予定されておりまして，予定任用期間などと呼ばれています。

例えば形式的には任期は一日だけれども，更新を繰り返して364日間の雇用を予定し，その間は特に採用の意思表示がなくても自動的に更新するというかたちです。実際にはこのような形が多く，私も報告では予定任用期間があるということを念頭に置いていました。1日だけというのはもちろんあると思いますが，いずれにしてもそれは有期である。これが1点目のご質問に対するお答えです。

2点目ですが，確かにご指摘のとおり任期が1日というときに，雇い止めのために手続き，告知・聴聞・弁明など，をするのは，確かに非現実的だとは思います。ただ，通常は予定任用期間がたとえば364日あって，その予定任用期間終了の1週間なり，2週間，1カ月前に雇い止めの意思表示をするのが通常です。私が手続きを経ろと言うときにはそういう事例を念頭に置いてお

りました。ご指摘のとおり，1日だけの任期が終わったときに手続を踏むというのは少し非現実的だと思いますので，この点は再検討が必要だと思います。ご指摘ありがとうございました。

出訴期間の問題ですが，これは「任期が1日で雇い止めをして出訴期間3カ月というのはアンバランスじゃないか」というご指摘かと理解していますが，しかし任期の長さで出訴期間を変えるというのもまたおかしな話だと思います。自分のフィールドに持ち込んでしまうので申し訳ございませんが，行政法の領域では，例えば道路占用許可などの場合，1日だけの許可ということがあるわけで，河川敷の占用許可1年間でも道路占用許可1日でも，それに対する不許可があった場合に出訴期間3カ月と同じですから，区別する必要はないかと思います。

3つ目の点は，正直申し上げますと，私もよく分かりません。申し訳ございませんがこの回答は留保させていただきまして，学会誌に執筆する際は，そこの視点を取り入れさせていただきたいと思います。

清水（司会＝早稲田大学）　宮島会員，よろしいでしょうか。下井報告に対するその他のご質問，またはご意見がございましたら，出していただきたいと思います。

宮島（弁護士）　補足として，先ほどの労災の事例について，私の記憶違いがなければという前提ですが，この事件の当事者は日々雇用で7，8年雇われていて，その雇い止めという問題が一つありますが，それと並行して裁判の途中で腱鞘炎がひど

くなったのです。公務員でも民間でも業務上，あるいは公務上の事故は，離職後の発症についても公傷なり労災の適用があろうかと思いますが，日々雇用ということでそれも打ち切られる。そのケースも争訟になっていずれも負けている，という事案です。以上，申し上げておきます。

清水（司会＝早稲田大学）　次に，荒木会員，お願いいたします。

● 二元的公務員法制

荒木尚志（東京大学）　下井報告の主張内容について，1点お聞きしたいと思います。報告の一番のポイントは常勤職員とそうでない者を区別した二元的な公務員法制をもう少し推し進めるべきであるという主張のように思いました。これに対し，民間部門の法政策の方向性は，いわゆる正社員とそうでない者の間に大きな開きがある現状を，両者を近づける，あるいは両者の間を埋めることで，なだらかなものにしていくことを目指すものであり，二極化とは反対の方向にあると思います。そういたしますと，下井先生が先ほどご指摘になられた二元的な公務員構成を残すという構想は，公務員の特殊性からそういうことになるのか，民間部門と同じような考え方にならない理由について，先生のお考えをお聞かせいただきたいと思います。

下井（新潟大学）　私が二元的公務員法制の必要性というところで考えたのは，少なくとも閉鎖型の任用制と開放型の任用制とを分ける必要があるだろう。そうすると，任用システムが閉鎖的か開放的かの違いというのは，任用のところだけではなくて，公務員法全般さまざまな点に波及するものであるから，基本的なところで両者を分けて考えるべきであろう，ということです。

ただ，閉鎖的，開放型というのもそれは相対的な違いと言えば相対的な違いになるかもしれませんし，どれだけ極端に分けるのかというのも，政府の設計しだいということになろうかと思います。

今，先生がご指摘になられましたように，民間では一元化に進むだろうということですが，お答えになるか分かりませんが，基本的に私は中核的な公務，これが何かというと非常に難しいのですが，ここはやはり最後まで特殊な部分として残るのではないか。一方，その周辺部分では両極端な二元制以外にもいろいろなやり方がありうるのではと思っております。以上です。

清水（司会＝早稲田大学）　よろしいでしょうか。ほかに，どうぞ。

● 派遣と任用

鎌田耕一（流通経済大学）　報告の中になかったことですが，常々よく分からないのでお聞きします。派遣と任用にかかわることですが，派遣法は期限を定めて，派遣期間を超えて，自治体において派遣労働者を受け入れた場合についても，その契約労働者の雇入れ勧告が自治体に対して行われることになっているのですが，先ほどから下井先生が任用のところで言及されておられる成績主義との関係で自治体に対する勧告がどのような意味を持つのかということ

です。

2通りのことが考えられると思います。一つには，任用の問題には勧告はそもそも意味はないということもありうるでしょう。しかし，そうではなく，成績主義の下でも，任用の任期との関係なども問題になるかとは思いますが，勧告が何らかの意味を持つ可能性，違った取り扱いがなされる可能性もありうると思います。何かもし教えていただくことがあればと思います。

下井（新潟大学）　私のほうが教えていただきたいのですが（笑）。自治体職員の派遣ではなく，労働者派遣法に基づく自治体への派遣に関する質問だと理解していますが，そうなると私の専門領域とは離れてしまいます。ただ，今お話をおうかがいして思ったことは，労働者派遣法に基づく派遣についても，結局はどういう仕事をするために，派遣労働者を受け入れるか，その趣旨，内容しだいということになるのではないかということです。これは報告の中でも私は一貫させてきたつもりではあります。それ以上お答えする適格性がありませんので，これでよろしいでしょうか。

● 雇い止めと職員の地位

浅倉むつ子（東京都立大学）　報告の結論の中で，雇い止めが不利益処分であるということを明示するのがベストというご提案をされておりましたが，このような考え方で行きますと，結局解雇権濫用法理を適用するというかたちで行くのか，それとも身分そのものが，例えば日々雇用の職員であったものが，そうではない正規の公務員として確認ないし確定されるのかという質問です。もし日々雇用のままの地位が保障されるということであればあまり意味がないのではないかと思います。しかし，報告の中でおっしゃられた，公務就任の平等，機会均等という側面からみると，正規職員としての地位を確認ないし確定するということになっても何か一貫しないようにも思いますので，そのあたりのお考えを聞かせてください。

下井（新潟大学）　まず，正規職員に身分が移動するということは，私は考えておりません。やはり任期付き職員としての地位が維持される，あるいは再雇用，再任用というかたちにしかならないと思います。それは任用ルートが全く違うためです。日々雇用だと再任用では意味がないのではないかというご指摘ですが，先ほどから述べておりますように，予定任用期間があるという前提で考えますと，決して日々雇用といっても1日だけで終わるということにはならないと思います。さらに説明しますと，少なくとも現在の人事院規則の中では，予定任用期間中の日々の更新は基本的に全部自動更新ですから，自動更新をやめるときには，別途の意思表示が必要ということになります。これは更新を前提とした行政処分と言う意味で，更新しなければ，私はそれは別個の行政処分であると考えますので，免職処分ということになると思います。このように考えると，雇い止めについて不利益処分の取消がなされた場合にも，予定雇用期間364日で日々雇用職員としての地位がもう一度復活するということになると

シンポジウムの記録

思います。

● 公務の性格と臨時雇用

毛塚（専修大学）　公務の中立性から成績主義が導かれ，成績主義から公務員の身分保障を導く。他方で，公務の中身については実質的に考えるというご報告であったと思いますが。そうしますといわゆる非正規的な雇用であれ，職務の性格からして公務だと判断されれば，それを臨時雇用として扱うことは何か矛盾するような気もしますが。

　公務の中立性から成績主義と身分保障を導き，同時に，公務は実質的に考えるという前提の中での，任期付き任用の位置付けがはっきりと読めないのです。

下井（新潟大学）　任期を付けたからといって，成績主義，身分保障の趣旨に矛盾するということに私はならないと思います。身分保障というのは，不合理な理由で，地位を失ったり，あるいは不利益を被ることを禁止することですから，任期の経過によって地位を失うということは，更新を繰り返してまた戻ってくるのは別として，私はそれは合理的な理由だと思うのです。

　例えば，専門知識が必要な職務というのを考えれば，その人を例えば5年間プロジェクトのために5年間任期を付けて雇う。そのときには本当に専門知識があるかどうかを判定する手続きを取る。これは成績主義にのっとった任用です。そのこととプロジェクト終了予定期間が考えられるまで任期を付けることは，私は矛盾しないと思うのです。

毛塚（専修大学）　単純な任期1年の場合を考えたらどうなりますか。

下井（新潟大学）　ちょっと抽象論でしかありませんが，職務内容によって判断したらいいと思うのです。

毛塚（専修大学）　成績主義の下で任期1年でも構わないということですか。

下井（新潟大学）　はい。そうです。

毛塚（専修大学）　それはやはり，労働法の感覚からすると若干理解が違うように思います。

清水（司会＝早稲田大学）　ほかにいかがでしょうか。

● 任期付き職員と労働条件・身分保障

川口美貴（静岡大学）　静岡大学の川口です。何点かお聞きしたいのですけれども，まずは，報告の中で，任期付き非常勤の職員の方の，例えば賃金とか賞与とか，そういう労働条件をどう考えるのかということについては特にお触れにならなかったと思います。それをどう考えるかによって，おっしゃられている二元的公務員法制の持つ意味というのはかなり違ってくると思うのです。先ほどの荒木会員に質問にも少し関連する問題ですが，この点についておうかがいしたいと思います。

　それから，中核的な公務については身分保障を与える。そのほかの公務については，任期を付けるべきであるということだったかと思いますが，公務の性質と，任期を付けるべきかどうかということがなぜ自動的に連関してくるのかがいまひとつよくわかりません。臨時的な仕事であれば，任期が

付くというのは当然分かるのですが，公務の性質と任期の有無が自動的に対応するのかどうか私には分からないので，それについておうかがいしたいと思います。

それから，報告中で身分保障について，任期付き常勤・非常勤職員という形で任期を付けて期間が満了すれば雇用が終わることが初めから分かっていれば，雇用の不安定化にはつながらないとおっしゃりつつ，しかし，ある程度更新面で勤務期間の長期化への対応が必要とおっしゃっていたことについて，現実的な対応は必要だが，基本的な問題はないということかとお聞きしたのですが，そこのところがちょっと分からなかったのでおうかがいしたのです。

下井（新潟大学）　まずは，労働条件のことを触れなかったことについて，その点をどう考えるかということですが，非常に重要な問題だと思います。その点については報告から抜け落ちておりましたので，ご指摘ありがとうございました。少なくとも今言えることは，いわゆる常勤的臨時職員といわれる方でも労働条件が非常に悪くて，それは，その点の改善は非常に重要な課題だろうと思います。ただ，任期付き職員の中にも条件のいいというか，専門的な知識を有されるような職務に任期付きで雇われるような方々は，特に正規職員と遜色のない条件の方もおられまして，一律には言えないということは申し上げるられることです。お答えになっていないかもしれませんが。

2つ目ですが，中核以外の公務については，任期を付けろとまで言っているわけで

はなくて，開放型で行けばいいということであって，それは，今日の報告で森戸先生がおっしゃったように，労働移動の自由の確保というか，移動する条件を整備するという意味では開放型が望ましい。その中で開放型イコール任期付きというわけではございませんから，任期を付けて労働移動を促進する。あるいはいろんな人材を確保しようとするシステムを作るということが，一つ視野に入ってきてもいい。だから私は必ず任期を付けろというわけではございません。

3つ目は，ちょっとご質問の趣旨がよく理解できなかったのですが，まず，任用の際に任期を付けるということを明示すれば不安定雇用は増加しないということは，これは私が言ったわけではなくて，2000年の報告が言っていることです。2000年報告はそのことを前提として，現在，常勤的非常勤職員の方々がたくさんいらっしゃるということも認識したうえで，そういう処遇だから更新はしない。あるいはしても制限する，というふうにすれば，長期的に常勤的になってしまう方が出てこないだろうという認識を持っている。これは2000年の報告の立場だと思うのです。

私は，ただそれだけでは駄目だろう。空白の1日を使っている人たちがたくさんいる以上はそれだけで終わるべきではない。空白の1日などを使って，勤務が長期化するという現実があり得ることを前提として，もう一つ別の制度的対応が必要だろうというふうに私は申し上げたのです。

清水（司会＝早稲田大学）　労働法学の

観点からはどういうところが疑問になるかというのが，今までの質問の中でかなり下井先生のほうにもご理解いただけたのかと思います。これにつきましては，そういうフロアからの疑問を念頭に置いていただいて論文の中で，少し詳しく展開をしていただきたいということをお願いをいたしまして，時間の関係もございますので，下井報告については以上で終わりたいと思います。

それでは，次の両角報告に対する質疑に移りますが，司会を代わりたいと思います。

3　雇用政策法と職業能力開発

諏訪（司会＝法政大学）　それでは，あと2人の報告者に対して，質問が何点か出ておりますので，順にお願いしたいと思います。報告順に，まず，両角会員に対するご質問を挙げさせていただきます。

● 職業能力開発政策の歴史的評価

1点が先ほど濱口会員のほうから職業能力開発法政策，特に職業能力評価の位置付けについても，歴史的なものを踏まえる必要があるのではないかということで，同じような問題があるということをおっしゃっていました。その点について，もう一度ご質問をお願いできますでしょうか。

濱口（東京大学）　趣旨は，先ほど森戸会員に申し上げたようなことと同じようなことで，それの職業能力開発版みたいなかたちですが，特に職業能力評価システムについておうかがいしたいと思います。90年代にビジネスキャリア制度に取り組んだ方の中には，ある意味でデジャヴを感じる方もあったと思います。というのは1957年に職業訓練法が作られて，それまでの基準法による内部労働市場における技能養成制度，それから職安法による外部市場における職業指導を合体させたものとして職業訓練という概念を作り，そのコアになるものとして技能検定という制度が作られました。これによって企業の内部でも外にいても，同じ技能検定という仕切りの中で，一定の技能を評価することで労働市場を動かしていくという非常に高邁な理念が出てきたわけです。大体において職業訓練行政は理念高邁で，職安行政は現状に追われるどぶ浚い的なところがあるのですが，そういう高邁な理念で作られた職業訓練法の発想が，70年代以降，今日もお話があったような企業中心的な企業内職業訓練開発の方向にどんどん進んできた。なぜそうなったのかというところを今総括しておくことが，90年代に始まった外部労働市場型の職業能力開発政策について，今後どうしていくべきかということを考える上で必要だと思います。

特にかつての技能検定制度は，そもそもうまくいった時代があるのか。昔あってなくなったから直ちにうまくいかなかったと一般的にいっていいかどうかはおそらく疑問だろうと思います。うまくいかなかったとすればそれはなぜか。文化的な理由があるのか。日本文化というのは，非常に集団主義的であって個人主義的な市場はうまくいかないというのが70年代のはやりの議論だったわけですが，本当にそうだったのか。だとすると，それは変わったのか。あるい

は文化的でない何らかの実態的な要因があるのか。実態的な要因が70年代ではどうであって90年代ではどうであるのか。あるいはもしうまくいっていたのが変わったのだとすれば，なぜそれが70年代に変わってしまったのか。いわゆる日本的経営論みたいに，本当はある程度うまくいっていたにもかかわらず，石油ショックで，みんな不安にかられて企業にどっと流れていったために，沈没してしまったのか，あるいはもう少し実態的なものがあるのか。だとすると，それは何であれ，90年代あるいは2000年代には，その実態がどのように変わったのかということをもう少し考えてみる必要があると思います。

　これはむしろ両角会員に対するご質問という形で今申し上げておりますが，多分一番考えなければいけないのは，政策担当者自身であろう思います。今まではこうだった，そして今回はこうだということをあまり簡単に言ってしまうと話の底が浅くなってしまうという自己反省も込めてご質問したいと思います。

　両角（明治学院大学）　職業訓練行政，特に歴史につきましては，濱口会員のほうがよくご存じだと思います。歴史的な考察が必要だというご指摘は，先ほども申しましたがそのとおりだと思っております。論文にするときには，もう少し考慮に入れたいと思いますけれども，現在のところは，先ほどと同じく，当時とは目指しているものは少し違うと思うというのが答えです。すなわち職種別の労働市場を目指していて，そこでの中心は技能の獲得で，技能を身に付ける対象はもちろんそのあとのことを全く考えていなかったわけではないと思いますが基本的には若年者が中心ということで，現在とは少し目指していたものが違うのではないかということです。

● 職業能力開発の位置付け

　諏訪（司会＝法政大学）　沼田会員からは，両角会員に2つの質問が出ております。能開法を雇用政策法として位置付けることは問題がないとしても，能力開発は潜在的に職業人としてのあらゆる人を対象として，教育訓練として，あるいはその一内容としてとらえるべきではないかというご質問と，それから，これら教育訓練は内部労働市場や内部・外部市場でのサポートとしてのみ考えるべきではなく，全体的，知的水準の向上，競争率の確保や生涯学習の面と切断して考えることは問題であるというものです。

　両角（明治学院大学）　この点については，先ほど言わせていただきました以上にお答えすることはできないのですが，ご質問の趣旨は本当によく分かります。本報告は労働法とのかかわりの中で，雇用政策法の中で報告したものであるということでございます。

　ただ，ほかの方の質問からも，個人のキャリアを保障するというとき，キャリアというものにどういうイメージを持つのか，キャリアはどういうものなのかということを考えるうえでは，もちろん法律だけ，雇用政策法だけのことを考えていてはいけないということはよく分かりまして，それは

今後の課題として，取り入れさせていただければと思っております。

沼田（法政大学） 現行の教育訓練給付金制度というのは，労働者のキャリア形成を図るうえの支援とすれば，不十分だと考えるわけです。雇用保険の適用者，しかもその中でも限定した方，しかも最近給付水準が下がりましたけれども，やはりどなたでも職業人になる選択の可能性というのはあるはずで，そのことも無視してはならないわけです。そういう人の支援をするという部分は，雇用政策という枠組みだけで考えて，支援制度を構築してもあまり意味がないだろうと考えるのです。

具体的なサポートをする支援政策という枠組みを考えることが必要な視点ではないかという意味で，質問させていただいたのです。なにか具体的な政策構想をお持ちであれば，あわせてお教えいただきたいと思います。

両角（明治学院大学） 具体的な制度の構想を持っているわけではありません。ただ，これがご質問の趣旨に合うかどうか分かりませんけれども，雇用政策法というものの対象領域を狭義の雇用，例えば現行雇用保険制度の適用対象者に限定するというスタンスを見直すべきではないかという問題意識はあります。

諏訪（法政大学） ただいまの点は，藤原報告のほうでも藤原会員のご意見が出てきたと思いますので，もし必要ならばその際にもご質問あるいはご意見をいただいてディスカッションできるかと思います。

それでは次に斎藤会員から非常に重要なご質問をいただいております。お願いできますでしょうか。

斎藤（元福岡工業大学） 職業訓練というのはどうも暗いイメージがあるのです。労働そのものもどこか必要悪というような暗いイメージがあるのですが，これに対する未来志向の明るい労働法をこの学会で構築できないものかということを私は前々から思っていたわけです。

わが国でもいろいろな発展があって，新しい技術・技能を備えた新しいタイプの労働者が求められているのではないか。つまり科学技術・技能のそれぞれに対応できる新しい労働者像というものが求められるようになったのではないか。そういう側面を労働法の中心に置いて再構成したらどうか，ということです。

その際に，一つの例ですけども，たとえば労働者を生涯学習の主体としてとらえ直していく。そういう面があったら有効なのですが，そこで職業能力開発というものを労働法の中心的なそういう位置付けをしてはどうか。そういう趣旨，お考えが報告者にあるかどうかということで質問させてもらったのです。

両角（明治学院大学） 斎藤先生のご質問の中で，今少しご紹介されましたように，ご自身もそのようなお考えがおありになると拝察いたしました。この段階でお答えできますのは，職業能力開発が労働法の中核というところまでは私が考えておりません。ただ今後の労働法において，いろいろ考慮していくべき労働者の利益の中で，能力開発というのは重要な核の一つとなる。これ

までも重要でなかったわけではありませんけれども，それ以上に重要なものとなると考えております。

それは基本的には雇用保障という定義の中に吸収されて溶け込んでいたのですけれども，それがいろいろな変化の中で吸収され切れない部分があるということで，独立して考慮すべきようになってきているのではないかというのが現在の私の考えでございます。

● 能力開発の政策と実態

諏訪（司会＝法政大学）　さらに両角会員に対してご質問が出ております。岡山大学の高木会員からのご質問です。

高木早知子（岡山大学）　現状に関する質問ですが，多様性のある労働，多様性のある能力開発ということで，企業はもっとも追求するところだと思います。そうしたことから能力開発に関して，森戸会員，両角会員の報告があったわけですが，政府の政策，対象支援に関してガイドラインが現実的にどのへんまでできるのかということです。

具体的にいいますと，大学の学部にしろ大学院にしろ，最近シニアの方が，働きながら学ぶことが増えていますが，この人たちが大学を卒業しても，社員規定，内規で学歴と認められるわけでもなく，また昇格・昇給に配慮があるわけでも全くない。いろいろある能力開発といっても具体的に雇用政策，政府政策がどのへんまで考えているのか，統計がどのへんまでできているのか。抽象論に終わっては問題があると思います。現実的にどのように利用されているのでしょうか。

諏訪（司会＝法政大学）　それでは両角会員と森戸会員にかかわる質問でございますので，最初に両角会員に，次に森戸会員という順番で，お答えいただきたいと思います。

両角（明治学院大学）　ご質問のすべてを正しく理解できたかどうか分からないのですが，私に対するご質問としては，質問用紙にありましたように，現実に企業と政府が全くかけ離れているということはないか，それに対してどのような調整その他が行われうるのかというご質問と考えてよろしいでしょうか。

今のご質問は先ほど毛塚会員が質問されましたように，個人のキャリア保障という理念があっても，受け皿が実際にはないので，それでは意味がないのではないかという恐らくそういうご指摘だと理解いたします。それは，先ほど司会の諏訪会員が答えてしまいましたが，私もそのとおりで貴重なご指摘であると思います。

それともう一つ，私は現実にどのくらいの可能性で政府がそれを改善できるかということにお答えすることができないので，質問への直接的な答えではありませんが，今後深く考えなくてはいけないこととして，個人のキャリアを主張するというときに，キャリアのイメージがこれまで主として念頭に置かれていたものとはもしかしたら少し違うのかもしれないということがございます。十分に考えたわけではないので，学会の場でお話するようなことではないかも

しれませんけれども，ヨーロッパでもやはりこのように職業能力開発が重要になってくるという議論が大変盛んでありまして，そこでは例えば，これから最も求められる職業能力というのは，急激な変化や新しい問題に対応できる柔軟性だという指摘もされています。

そういうふうに考えますと，キャリア形成といいましても，例えば，職業訓練校に行って特定の技能を身につけるとか，大学院に行って学位を取る，などといったことは，もちろんそれも含まれますし，今後も重要ですけれども，必ずしもそれに限られないと思います。要するにキャリア保障という場合に，キャリアというもののイメージをきちんと持って議論しなくてはいけない。そういう課題をお互いに持っているように考えています。

お答えになっていないとは思いますが，具体的な可能性ということについては，私はちょっとお答えすることはできませんので，よろしいでしょうか。

森戸（成蹊大学） 私も質問にぴったりの答えができるかどうか分からないので余談になりますが，社会人大学院などについては，ここにいらっしゃる先生方の多くがいろいろな形で携わっておられるのではないかと思います。高木会員がご指摘のように，多くの社会人大学院で学んでみたいという方がいて，他方でそういう人たちはだいたい会社に黙って来るわけです。ですから，会社の推薦状を取れとか言うとだれもこなくなるというようなことが現実にあることも分かっています。ですからご質問いただいたことの雰囲気というか，そういう実感を私どもも持っております。

それは余談ですけれども，やはり政策として，例えばそういう資格を社内の内規で認めろというような具体的な義務づけまでは行かないのかとも思いますし，政府の政策としてそのようなこともテーマに考えているかも，正直，行政担当者ではありませんので分からない面もあります。

ただ，これもまた感想というか推測にすぎませんけれども，諏訪会員のキャリア権構想のようなものは，厚生労働省でもいろいろ反論があると言われておりますが，しかし能力開発局においては，比較的，キャリア権的な発想が政策に取り入れられているのかなという感じがするわけです。それはキャリア形成の助成など，政策の最近の流れを見てもそれは明らかになっています。

具体的にどこまでうまくいくかは分かりませんけれども，大きな流れとしては，そういうものも政策の対象になっていく流れではあるのかなという感じはしております。

高木（岡山大学） 大変おかしな話になるんですけれども，雇用政策，支援制度になのに逆作用として学んでいる者がかえって配置転換されるということも多々あります。私が聞いた学生は，公務員にしろ，民間企業にしろ，学部に通っている者が大体配置転換される。そういうこととの関係で，支援制度の中で，金銭面以外に学んでいる者を排除しないという考え方が必要ではないかと思います。これは補足ですが，頭の中に入れておいていただきたいと思います。

諏訪（司会＝法政大学） ありがとうご

ざいました。全く同感でございます。さまざまな機会均等とか，あるいは差別の禁止という観点の中で言えば，このように自分のキャリアを発展させようとして学ぶ者に対して，ある側面で不利益がなされていた場合どうするかというのは，非常に重要な法的な論点になると思います。

ご存じのとおり，社会人が生涯学習をするということに関してはさまざまな調査がございますから，大体一般論で「あなたは生涯学習をしていることはいいことですか」と聞きますと，政府の調査のたびに出てきますが，9割以上の人が「そうだ」と言うのです。「では，昨年1年間に何か勉強しましたか」と言うと大体40パーセントちょっとで半分の人になります。その人たちに「では，具体的には何をやったんですか」と言うと，「スポーツをやった」とか「趣味をやった」というのは明らかに増えているのですが，将来に向けて，自分の職業のための勉強をしたというのは，この間の調査結果では9パーセントでした。45パーセントの何かしたという人のうちのわずか9パーセントですので，掛け合わせますと4パーセントなのです。つまり，25人に1人ということです。放っておいたら自分のキャリアのために勉強するということにはなっていないのが現実のようです。

逆に言えば，今，勉強している人は少数派であり，少数派であるが故に迫害を受けやすいという，こうした構図が現場ではあるのではないかと思っております。そうしたご指摘として受け止めさせていただきまして，報告会員には論文の執筆の際に考慮

していただければと思います。

それでは両角会員に関してほかに質問は。はい，どうぞ。

● キャリア権の理念と権利性

古川景一（弁護士）　知的熟練とキャリア権との関係でご質問させていただきたいと思います。私は全国建設労働組合総連合の顧問をやっております。労働組合で職業訓練を抱えている唯一の労働組合です。職業訓練校で大工の養成を全国各地でやっています。その経験からしますと，大工の技術というと1970年ごろまでは木造在来工法が中心ですからキャリアが通用したわけです。ところが70年代になって，プレハブ住宅が市場の半分ぐらいになってくると，企業ごとの技術が完全に分断されるのです。だから例えばミサワの大工は住友林業では全く使いものにならない。企業ごとに技術が違ってきている。それによってキャリアが通用しなくなるという問題がある。

そうしますと，今後，今でも，キャリア権という議論が通用するのは，例えば特定言語でプログラムが書けるというような企業横断的な技能に限られてくるのではないかと思います。

諏訪（司会＝法政大学）　キャリア権という場合には，基本的な理念のレベルでのキャリア権と具体的な場面における基準としてのキャリア権を分けて考える必要があると思いますが，今の古川会員からのご質問は，その基準としてのキャリア権のことだと思っております。その意味で言いますと，こちらのほうは就労請求権にいたしま

しても，あるいは職業訓練機会を求める一種の職業訓練請求権みたいなものにしましても，まだ開発途上の考え方でありまして，その意味では，もし理念の方にご賛同いただけるのであれば，一緒に検討をしてくださって，何とか実用可能なものになればと思っております。

少なくともキャリア権というのは，ある特定の目先の仕事に対して，それを続けさせろといったような権利として構成することは難しいのではないだろうか，またそれでは袋小路に入ってしまうのではないかと思っておりまして，生涯にわたる安定的な職業生活の基礎をいたずらに破壊しないという，それを奪わないといったような意味での，一種の配慮義務みたいなものとしての構成になるのではないかと思っています。

例えば内部市場におけるものでありますと，定期的なローテーションで動かされていきますが，それがかなりの程度体系付けられて，1人の職業人として，育つのだけれども，他方でその企業内部でしか全く通用しないという形成の仕方がある。その場合に労働者の側がそれに納得して自分もそうだと思ってやっているのならいいですが，必ずしもそうでないような場合に，何か技術が急速に変化したといったような，自分の側に帰責性がないにもかかわらず，不利益が一方的に及ぶリストラの場合にはそうです。そうした事態を避ける必要があると思っております。

また，配置転換の点で申し上げますと，例えばある資格試験に受かって，そのあと3年とか，5年の実務をやって初めて本格的な資格に転換するといった場合に，例えばあと3カ月でその資格の要件を満たすといった場合に，配置転換を命ぜられたような場合，当然その配置転換の濫用，権利濫用という枠組みで処理する際にも一定の配慮がこの点で必要なのではないか。これまでは個人的事情というと，もっぱら家庭の事情のようなものばかりが考えられておりましたが，こうした事情もあるのではないかと思っておりますし，また就労請求権は，もうここで繰り返すまでもないわけでございますが，これまでは必ずしも一般的に，われわれに認められていると判例上なっておりませんで，驚いたことにある裁判例では大学の先生が研究室に入るような事件で仮処分でしたでしょうか。それに対してもそんなようなものは必ずしも認められないといったような判断が出ているというのは，これは私としてはキャリア権的な考えからすると非常に問題がある判断ではないかと思っております。ぜひ古川会員ともいずれ一緒にお仕事をしたいと思っております。よろしくお願いします。

それではほかにご意見，ご質問等，ございますでしょうか。菊池会員，どうぞ。

菊池高志（西南学院大学） 両角会員のご報告についての質問のかたちでございますが，おそらく森戸会員，そして司会の方にみんな関係するのであろうかと思います。両角会員のご報告の所で言えば，最後の項目に当たるのでしょうか。「雇用政策法と労働契約」という節の所でございます。そこまでの所で両角会員からシュピオとかクリステンセンの言葉も引かれました。それ

から片方では内田貴の契約法の理論も引かれたのです。そういうところで使われている概念のレベルの問題です。

　今の司会者兼討論者のご発言でだいぶ分かってはきたのですが，権利と言う以上，それは反対側に義務も想定されているのだろうと思うのです。その場合にこういう政策立法の所で言われる場合には，国の責務と労使の間における契約関係上の権利・義務の問題とがかなり錯綜している状態で，ご発言も報告もされたのではなかろうかと。

　今，最後に就労請求権の問題にお触れになりましたので，なかったら私のほうから申し上げようと思ったのですが，こういう政策的な領域を議論されてきたときに権利と言われた場合に，これが理念的，ないしは思想の基盤の問題で言われているのか，それともだれかに対して具体的な請求性を持った権利として構成しようとされているのか，そうだとするとその議論には異論がたくさん出てくるのだと思うのですが，そこらのことが若干今日のご報告を聞いていて気になったものですから，できればそのへんについて補足していただければと思います。

　諏訪（司会＝法政大学）　それでは最初に一般的なことを私からお話をして，そのあと，森戸会員並びに両角会員からお答え願います。

　今のご指摘はそのとおりだろうと思います。すなわち，具体的な請求権の次元で考えますと，これは一定の立法あるいは契約等の法的な根拠が必要でありまして，そのような次元でキャリア権というのが，今す ぐ現実化できるようなものとしてできあがるのだとは私自身も思っておりません。論文の中でもそのように書かせていただいておりまして，ただし，そうしたものを考えていく必要があるのではないかというふうに私としては問題提起をさせていただいているわけでございます。その問題提起をどんなふうに受け止めてくださっているかは森戸会員並びに両角会員におうかがいしたいと思います。

　森戸（成蹊大学）　私の報告は結論から申しますと，その政策の所で終わっているものでございまして，その先をどのように労働契約の解釈等に生かすかというところまでを考えるものではございません。私としてはとりあえず政策の全体像を示そうというところで終わってしまっておりますので，これ以上言うことはございません。

　両角（明治学院大学）　諏訪会員がおっしゃっておられましたように，キャリア権の理解としては，私はキャリア権自体が現段階で具体的な労働契約上の権利であるとか，あるいは，そこから積極的な教育訓練を求める権利が導かれるとか，適切な配置を求める積極的な権利が導かれるというふうには思っておりません。ただ，その趣旨は，やはり労働契約の解釈にあたっても考慮されるべきルールでありまして，私の報告で最後の所は基本的に国に対する権利ではなく，使用者との間の，使用者に対する解雇規制及びその労働者の職業能力に配慮する一種の義務の表現として書かせていただきました。

　諏訪（司会＝法政大学）　よろしいです

シンポジウムの記録

か。それではもうおひと方，林会員どうぞ。

　林和彦（日本大学）　やや思い付き的な発言で申し訳ないのですが，両角会員あるいは諏訪会員でも結構ですが，お聞きしたいと思います。キャリア権についてなのですが，私，海外で日本企業の人たちとインタビューをしていて，「こちらの学生は，今キャリアパスという考え方が明確なのですよ」ということをしばしば聞いたことがあるのです。「どういうことですか」と聞きますと，こちらの学生は，アメリカ，ニュージーランド，シンガポール，イギリス辺りで聞いたことがあるのですが，「40ぐらいまでに自分は職業上の教育を，こういうキャリアを形成したい」という，かなり中・長期的な明確なイメージを持ちまして，「そのためにはここ4，5年は自分はこの会社でこういうキャリアを形成しておかなきゃいけないし，形成したい。そういう観点から会社を選ぶのですよ」と，こういうキャリアパスの考え方がこちらの学生は多いですと，しばしば聞いています。

　キャリア権というのは個人のキャリアのことだと考えますと，キャリアパスというような労働者側といいますか，学生側にそういう考え方があるところで，個人のキャリア保障とかキャリア権というのは非常になじむのではないか。逆に言えば，長期雇用慣行とか終身雇用慣行があるところではキャリア権とか個人のキャリアの保障というのはなじみにくいのではないかという気がします。解釈論上の操作をして，解釈論上の基準として持ちこみたいというような主張でございましたけれども，どうも僕はキャリア権というのは長期雇用慣行にはなじみにくい，そんな印象があるのです。やや思い付きで申し訳ないのですが，両角会員あるいは諏訪会員から一言いただければと思います。

　諏訪（司会＝法政大学）　では，両角会員からまずお願いします。

　両角（明治学院大学）　私もご指摘の内容は理解できます。キャリア権はむしろ長期雇用が後退してくる傾向が避けられないところで生きてくるものではないかと考えておりまして，その意味では認識はそれほど隔たっていないのではないかという気がいたしますけれども。

　諏訪（司会＝法政大学）　全く同じで，林会員のおっしゃるような状況があったから，これまではそういう考え方をあまり意識しなかったということだと思います。

● 雇用政策法と労働契約

　渡辺章（東京経済大学）　東京経済大学の渡辺です。今のところで非常に感じたこととして，国の政策としての職業能力開発の問題と，それから企業内で行う労働契約の関連として，大きく2つに分けてお話しになった中で，後者のほうの雇用政策法と労働契約の問題についておうかがいします。1つは多能化ということが言われています。長期雇用の中でいろいろな分野を経験してもらって多能化していくという意味での職業能力ということ，それからもう1つは社会性といいますか，職業能力の社会性，どこの企業に行ってもある程度有用に役に立つとなると，一貫性といいますか，緩い意

味で専門性を持った，この分野の能力を高めていくと，その2つの職業能力の形成があるとすれば，日本の企業でどちらの方向が今まで求められてきて，今後はどうなっていくのだろうかと考えていたのです。

今，両角会員の最後の発言ですと，おっしゃられている職業能力の開発というのは，いわば長期雇用が揺らいで労働市場が流動化にあり，仕事を見つけるのが個人の努力に委ねられる，そういう背景の中で個人の中に財産として蓄える必要がある，そういう職業能力のことである。そうなってくると，それはどうも企業の中で養われるものではない。企業の中で人事，配転，出向そういう人事的処遇の中で形成されていく職業能力とはまた別個に，そういうことを保障する前提である長期雇用体制というものが危うく，今後はそうならなくなってきて，個人と個人の中で，いわば主体的に流動化していくような，それができるような能力として職業能力ということを言われている。

そうだとすると，企業内で行う人事の処遇制度の中でその職業能力の維持，発展，そういうものに対して配慮義務というものが考えられるという前提が，少しおかしくなってくるのではないか，そこが非常に肝心なことだと私は思います。どちらの職業能力の意味で開発とかキャリア形成と言っているのか，そういう疑問を持ちながらお聞きしましたので，何かお考えがあったら教えていただきたいです。

両角（明治学院大学） 非常に重要なご質問で，どうもありがとうございます。先ほどの発言がもしかしたらミスリーディングだったかもしれないのですが，職業能力開発が重要だというときに，私は，企業の外で形成されるといいますか，今までのようなものではない，個人を主体として形成されるものだけと，必ずしも思っているわけではありません。

ただ，前者の場合，従来の配転などの中で形成されていく日本企業で典型的に行われてきた能力開発というのは，やはり雇用保障と非常に密接で，その中に溶け込んでいて，それだけを独立の何か，例えば使用者の配慮義務の対象であるとか，何かの権利の対象であると，取り出すことは恐らく難しいものではないかと。そのために今までそういう議論がなされずに，例えば職業訓練受講義務などの側面からだけ議論されてきたものではないかという思いがあります。

どうして個人を主体とするものについて重点を置くようになるかというと，その場合には，それが雇用保障の中には溶け込めきれない部分があるので，それを独自に労働契約の中でも考えていくべきではないかということです。従って前者の従来のものが重要でないとか，保護する必要がないとか，そういうふうに思っているわけではありませんが，それが独自にというよりは雇用保障の中に溶け込んでいて，そういうものは恐らく根本に残っていくのだろうと思っております。

4　雇用保険法制

諏訪（司会＝法政大学） まだまだこの

問題は議論をしなければいけない領域が残されているということは今の会員の皆様からのご指摘，あるいは両角会員の答えの中からも明らかになったと思いますが，実はもうひと方の藤原会員に対するご質問もかなりたくさん出ておりますので，このへんで藤原会員のテーマに移らせていただきます。まず最初に，宮島会員から4点ほど，藤原会員に対する質問が出ておりますので，よろしくお願いいたします。

● 失対事業・雇用保険受給資格・育児休業給付

宮島（弁護士）　第1点は失対事業です。組合として共産党系の全日労が組織化に取り組んできた失対事業がだんだんと抑えられて，90年代に地域の自治体の施策にかわった，それの政策的意図並びにその効果といっては何か抽象的ですが，その代わりということで，努力して自治体が労働者の雇用を確保するようになった。何かそういう部分のお話がなかったように思いますが，ということです。

第2番目は正社員か非正社員。非正社員には嘱託もあれば，臨時もあれば，パートもあれば，アルバイトもあるわけですが，正社員から非正社員へ全く1日も置かずに真夜中の12時をチャンスに非正社員だとなった場合，雇用保険法の4条や13条にかかわる問題だと思いますが，離職並びに失業の概念はどういうものになるのでしょうか。というのは，ひところ，ご承知のように職安で解釈が分かれていた。しかし裁判では最高裁が比較的最近こうだというようなところで，一応決着をつけて，私はそれは不満だったわけです。1日をおいている鎖のようなものも，もちろん問題ですが，全然そこをおかないで真夜中の丑（うし）三つ時を機会にしてそこから非正社員というふうになる。そういう場合の失業の時点は，その正社員の終わりの丑三つ時なのか，あるいは非正社員の期間満了なのか，特に13条との関係でどうお考えでしょうか。

3番目は，近ごろ倒産争議が割合に出ておりますが，倒産争議の中で自主生産でそこに止まっているその労働者が自主生産といっても，日々の生活に困って，失業手当の仮給付を受ける。それは，ご承知のように昭和30年代に労働省内部に通知が出ているのです。倒産による解雇を争っているのであれば，仮給付を認める，解雇無効ということであれば当然それを返すという条件付きのものです。職安がこれを認めているのに，この1，2年警察と裁判所が，それは詐欺であると言って逮捕，勾留20日間というような例が続々と出ているのです。もちろん私はそれに対して直ちに意見書を書いております。私も尼崎であった争議に関連して労働者を拘置所から出させたことがありますが，そのときに「都合により処分を保留する」なんてことが言われたりする。「都合により」なんていう理由はけしからんと思うのですが，とにかくそういう事例についてどう考えるか。

それから4番目は簡単なことで，育休にかかわる雇用保険上の給付について，30％と復職後の10％に分けて支給する，あるいは給付と賃金の合計の上限を80％にする，

という，それらの数字がどこから出てきたのか。育児休業中の女性の生活保障がそれでじゅうぶんだという配慮があるのかとか，その辺の政策的意図について教えていただければ幸いです。

藤原稔弘（関西大学） ちょっと聞き逃したところがあるのですが，失対事業については，雇用保険の問題なのかということで質問がありましたが，失業対策事業法というのは，一部残っていますが基本的には廃止されているわけです。歴史的には非常に大きな問題だと思っています。土木事業が中心で，公的な支援がないと成り立たない事業であり，高齢化が進んでいて，労災が続発したなどの問題があった。そのようなことが廃止の理由だということが審議会の報告書に書いてあったと思います。

ただ，僕の基本的立場は，旧来型の失業対策事業はだめだが，新しいタイプの公的就労事業をやるべきだいう結論です。新しいタイプというのはどういうタイプかというと，市場経済での成功性のある事業です。要するに，立ち上げた段階で，採算ベースに乗るような事業です。立ち上げる場合は，公的な資金が必要だが，立ち上げたら採算ベースにのる，そういうのは，やるべきだというふうに僕は考えています。失対事業で残った人はどういう状況になっているかということでは，今，問題になっているのは大体斜陽産業ですね。炭坑とか。これから恐らく建設事業もそうなのだろうと言われています。この人たちは恐らく他の産業に移れないだろうと思います。そういうようなところで今からまた新たな失業対策事業をやらなければならないのではないかという議論が起きてきているわけですけれども，結論としては，先ほど述べたような新しいタイプの公的失業対策事業をやるべきだと思います。この問題は，先ほど出ました受け皿とか，キャリア権の問題にもつながっていくと思いますが，雇用保険問題の中に含めるかどうかについては少し考えさせていただきたいと思います。

それから2番目ですけれど，雇用保険法4条の離職，あるいは失業の要件，あとは13条の基本手当の受給資格についての解釈問題だと思います。これも少し考えさせてもらって学会誌に反映させたいと思います。

3番目の問題も，結局失業の要件が問題です。就業できない状態であるというのが失業の要件の中に入っていまして，そうすると自営で仕事をした場合は現金収入の手段が失われていないので，就業できない状態ではないという判断をされてしまいます。それに対してかなりひどい対応をしているみたいですけれども，その辺の問題は実態が少し分かりませんので，この問題も検討させていただきたいと思います。

それから育休期間中の雇用保険給付額の問題ですが，私も先ほど挙げられた数字が何で決まったのかというのはそこのところが分からないところなんです。諏訪会員，何かご存じなのではありませんか（笑）。

諏訪（司会＝法政大学） 宮島会員の最後の4点目の30パーセント，100分の30の部分を基本給付金にして，そのあとの100分の10の部分が復職給付金になるというのは，これは2つの理由があるみたいです。

1点目は、そもそも育児休業給付金みたいなものを、介護休業給付金もそうですが、なぜこれは雇用保険からなのかというのが実は大問題でして、これは結論的に言えば、森戸会員も指摘されていたように、結局は政策を行うときの財源をどこに求めるかというときに、旧労働省の特別会計のうち労災保険勘定でいくか、雇用保険勘定でいくかということになりまして、労災保険勘定というわけにはとてもいかないので、雇用保険勘定のほうに持っていく。そうしますと雇用保険の基本原理に合うかたちで、政策的に成り立つものでなければならない。そうしますと、何が基本かというと、もし育児休業が実態的にうまく動いていかないと、失業という事態が、育児に関して、あるいは介護に関して発生することになる。そうなって参りますから、失業が発生したときの雇用保険に跳ね返ってくるところのシミュレーションを一方でいたしまして、他方で休業給付等を払ったときに失業という事態が回避できたならば、そちらのほうが本人にとっても、また企業にとっても、また社会全体にとってもいいわけでございますから、そこでそのようなもののバランスの取れるところで、数字が決まってきているということがあります。

それからもう1点、そうしますと何で100分の40なら100分の40という枠を30と10に分けるのか、そして復帰して一定期間たったところで初めて100分の10を払うのかというと、それは先ほど述べた失業の回避という考え方からいきますと、フルにもらって、もらったところで辞められてしまっては、全く政策意図が成立しなくなってしまいますから、そこでやはりきちんと職場に復帰して、就業継続をしていくということを確認したところで、給付をするということになる。そうなりますと、政策的にこれをどんなふうに分けるかというのは、いろんな分け方があるわけでありまして、半々に100分の20と100分の20なんてのもあり得ますでしょうし、25と15なんていう分け方もあり得るかもしれませんが、結論的に言えばそこらへんは、結局は政策論議でありますから、さまざまな意見をすり合わせていった中で、こういったかたちに落ち着いていったわけでございます。

とはいえ、休業中の給付金のほうがなぜ多いかというと、これはもう言うまでもなく、やはり休業中こそこうした給付ということの必要性が高いわけでございます。そういう意味では、これが、例えば半々になるなどというのは、やはりちょっとおかしいのではないだろうかという議論になるわけでございます。

あと額がどれぐらいになるかというのは、結局は一つは先ほどのシミュレーションでありますが、もう1点はやはり財源とのかかわりがありまして、そのようなわけでこうした数字になったということです。よろしゅうございますでしょうか。

では、藤原会員に対しまして、もう1点、馬渡会員からの質問が出ておりますので、馬渡会員お願いいたします。

● 適職選択権と給付制限

馬渡（神戸学院大学） 藤原会員の非常

に細かなところまで掘り下げた詳細な報告を興味深く拝聴いたしましたが、1点だけお尋ねしたいと思います。当日配布の資料の9ページの真ん中の(4)の所の「失業認定の厳格化」、それから雇用保険法の32条の「給付制限」の問題につきまして、縷々（るる）論じておられる中で、私見の矢印の所で「この場合、個人の選択の自由というよりも、雇用保険制度の財政的維持という組織の論理を優先させるしかない」と書いてあるのですけれども、ここの所はもう1段掘り下げて考える必要があるのではないかと思います。

というのは職業選択の自由であれば、応募要項を見間違えない限り、本人が自由に応募なされたらよろしいわけで、国家が関与しないでやっていく話なのです。ところが勤労権が狙いとしているところの適職選択権を主張されるという場合には、国家がこれをどのようなかたちで保障するかと言えば適職が見つかるまで雇用保険を給付をするというかたちになる。ところが憲法上の勤労の権利に対して、勤労の義務が並べて書いてあるわけですが、勤労の義務についてはほとんど触れられていません。そうすると勤労権というのをややもすれば野放図といいましょうか、無際限にさえ読めなくないのではと思います。

しかし、国が雇用保険制度などを通じて保障する適職選択権というものは、おのずから一定の制約があるのではないか。それは勤労の権利と勤労の義務のバランスの中で考えられて、例えば求職活動をしないならば、それは勤労の義務を果たそうとしていないということで、勤労の権利の保障が生まれないという扱いになるわけであって、そうすると、給付制限というのも、まずは現行の給付制限がどうかということはともかくとして、給付制限の理論的な位置付けは、そのように勤労の権利と勤労の義務のバランスの中で論じられなければならないものであろうと思います。

そのうえで、当然保障されるべき範囲であるけれども、財政の問題があって保障できないということもあり得ると思いますが、いきなり給付制限の話に持っていくのはちょっと早過ぎる感じがいたしますので、取り上げさせていただきました。

藤原（関西大学） 非常にすばらしいご意見ありがとうございました。時間の関係で、あまり詳しく本質論的には突っ込めなかったのですが、勤労権の内在的制約というのを僕も考えていました。そこでは主として公共の福祉に基づく内在的制約を考えていました。つまり、ある人が適職選択権なら適職選択権をどんどん行使して給付を受けると、雇用保険制度そのものが成り立たなくて給付をできなくなるのです。制度が成り立たなくなる。そうするとほかの人たちが給付を受けられない。そういう意味で、やはりこれは公共の福祉の問題ではないかなと考えています。それから、勤労権保障と生存権保障の関係も問題になります。失業保険というのはある意味では失業者の失業時の生存権保障ということにもなりますが、そうすると適職選択権を行使して、適職でないと職に就かない人がどんどん出てくると、片方でほかの人の生存権保

障というのが問題になる，そういう意味でやはり25条の生存権保障と27条の勤労権あるいは適職選択権の保障の間に対立的な要素が出てくるので，いろんな意味で27条の勤労権というのは内在的な制約というのを含んでいます。

それから，制度を成り立たせるために何らかの調整をするとしたら，もうここでしかないのですね。

例えば，厚生労働省は財源を理由にしてどんどん給付を現実に下げているわけです。先ほども言ったように80が40にというような極端な状況です。ただ，僕は基本的には給付は下げないで，ほかの方法で対処しなければいけない，それがないというときにはじめて給付を下げるという考え方をとるべきだと思います。それに，いずれにしても失業補償という制度の前提を維持するためには，これ以上給付を下げられないと思うのです。保険料を上げなくてはいけないのです。なるべく多くの人にリスクを負担してもらって，それでも間に合わなければ，やはり少し保険料を上げていかざるを得ないと思います。

とにかく，OECD諸国と比較した場合，期間の長さも問題ですが，給付率は60歳以上で30パーセントなんです。しかもボーナスが含まれない。これは，イギリス，アメリカに次いでワーストスリーです。こういう状況でなお，まだ給付を下げろなどというと，60歳以上だけではなく，我々の世代についても，やはり生活保障の機能を果さないのではないかという問題が出てくると思います。とにかく制度運営のためには，やはり保険料を上げるのと，監視システムのところで対応していかないと，給付を下げていくという方向に行ってしまいますから，勤労権の内在的制約という観点から，個人的な自由を制限していくという方向に行かないと，どこもかしこもみんな適職選択権を主張すると制度が崩壊してしまうという感じです。

先生のご意見を論文を書くときに参考にさせてもらおうと思います。どうもありがとうございました。

● **雇用保険制度と社会扶助・生活保護制度**

諏訪（司会＝法政大学）　よろしゅうございますか。それでは，もうおひと方，濱口会員から，藤原会員に対して質問が出ています。雇用保険制度と社会扶助，生活保護制度との関連の問題です。

濱口（東京大学）　全体的な藤原会員のご議論の説はおっしゃるとおりだと思います。全体的にちょっと藤原会員のほうが現実的な機能に傾いているのかなという感じがいたしましたが，その中でちょっと気になったのが5ページの下，「新たな長期給付政策導入」ということで，ここで藤原会員は，今の給付金あるいは延長給付のあと，なお失業しているときにはいきなり生活保護にいくのでなく，新たな生活保障制度，失業扶助制度を導入すべきであると言われております。これは大変大事な政策だと思いまして，私も勉強してみたいと思います。これは昔から野党側が言ってきた議論なのですが，今の世界的な失業保険制度

の流れの中で，本当にそれが適切なのかということをおうかがいしたいと思うのです。恐らく藤原会員，ドイツの動きに詳しいと思いますので，あえてそれを例に挙げたいと思うのですが，ドイツはご承知のとおり失業給付金の支給期間が長いうえにさらにこれが切れたあともいわゆる失業扶助制度が一般会計に作ってあるというかたちで非常に手厚いわけですが，むしろ，それがかえってモラルハザードを加速するのではないかということで，むしろそれを厳しくする方向に，今動いているのです。藤原会員は十分ご承知だと思うのですけれども，そういう流れの中でこのかたちというのはちょっと逆なのではないかという感じがするのですが，藤原会員がこのへんについてどうお考えなのかをお聞きしたいと思います。

藤原（関西大学） ハンス委員会ですか，そのへんの議論は非常に進んでいるということは私も承知しているのですけれども，日本の雇用保険の報告に載せるのは難しいです。ドイツの状況は先生のおっしゃるとおりです。ただし，僕が生活保護にいきなり行かないで新たに導入すべきだといいましたのは，いわゆるミーンズテストの問題なのです。生活保護制度ではミーンズテストがあるわけですが，僕の言っている訓練期間は給付を続けるという制度はミーンズテストはなしです。失業状態になることが確認されればいい，それだけなのです。生活保護の対象者にはミーンズテストがあるために，現実に失業者の方は失業給付がもらえるということで職安には来るが福祉事務所に行くことは躊躇することが多くな

ってくるのではないかと思います。ドイツの失業扶助制度というのは，これは生活困窮者に対して行われるものですけど，ミーンズテストがあります。そうすると今度は福祉事務所の，いわゆる社会扶助とほとんど変わりないということです。それからドイツの社会扶助の場合は就労が義務づけられる，働かされるのです。逆に言うと働ける。今の社会政策論から言うと，ドイツの場合，失業保険と社会扶助というのは制度的に重複する側面が非常に強ということがある。

それともう一つには市町村の問題意識として社会扶助の財政負担が大きいということがあり，この市町村への経費援助ということが言われております。

それともう一番重要なことは，やはり，再就職支援措置の問題です。単に失業給付期間を延ばすだけでは，ほとんど再就職促進機能は期待できない。再就職支援というのは職業訓練などの具体的なものです。やはり再就職支援措置というのが必ずセットになって出てこないといけないと思います。

両角会員の問題意識にも出てくる再就支援措置のようなもの，例えばキャリアカウンセリングですね。職業安定所などに相談員を置きまして，これに積極的に取り組んでいこうということを厚生労働省で始められているわけですけれども，そういった意味で，ドイツは職安などでそういう職業相談と失業保険とを結び付けていこうという方向性がある。もしドイツでそういうことであるならば，ドイツのそういう動きは正しいことだと思うし，私もそういう方向性

シンポジウムの記録

であるならば，それは新しい方向性として重要なことだと思います。それは厳格なミーンズテスト，さっきも言ったように失業扶助のそういうのをまねしてしまうとそこは問題だと思います。ドイツの方向としては再就職支援と結びつけるということであれば正しいことなのだと思います。

諏訪（司会＝法政大学）　よろしゅうございますか。それでは，藤原会員に対しての質問は大体以上ですが，ほかに関連してご質問等ありますか。はい，宮島会員，お願いします。

宮島（弁護士）　この機会にちょっと今のお話に出てきた日本国憲法27条，そして25条，そこの勤労義務に対応するものがあるか，ないか，あるいは適職選択の自由という議論が今，盛んに行われたわけですが，私の前からの持論ですが，それプラス日本国憲法だったらもう 1 カ条頭の中に入れていただければ幸いだということで，それはどこかというと，憲法18条です。

18条については私の経験で，偉い経済学者の人が「労働学者というのは変なことを言って，奴隷的拘束うんぬんということを言うけれども，そんなものはいまどきナンセンスだ」と言うから，私のほうでは「あなたは18条をよく読んでご覧なさい。『意に反する苦役に従わない』という立派な防護があるじゃないか。あんた，それを知ってるか」と言ったら，答えがなかったのです。何かあまり労働法学界の中でも，18条の「奴隷的拘束」のあとに来る「意に反する苦役に従わない」というところをあまり重視していないのですが，私は，前から非常に重視している。私は企業の基本的人権なんかないという持論と平行して重視しているということなので，お考えいただければ幸いです。

諏訪（司会＝法政大学）　ほかにご質問，ご意見ありますでしょうか。はい。鎌田会員。

● 雇用保険と自営業者

鎌田（流通経済大学）　藤原会員に質問ですけれども，レジュメでいきますと，9ページ。雇用保険の適用対象者の範囲ついて質問なのですが，藤原会員のご意見では，自営業者は対象外とする。こういうふうに言っておられるわけですけれども，今日の森戸会員，その他の方たちも，どちらかというと自営業者も含めた雇用政策の転向といいますか，雇用政策構想へと変更されているように私は聞いていました。そうした基本的な流れの中で雇用保険については今申しましたように，藤原会員は対象外ときっぱり言っておられるわけですけれども，その理由についてお聞きしたいと思います。まずは，その理由のレベルの観点からお答えいただければ幸いです。

まず，理念的といいますか，雇用政策法の範囲として自営業者は理念的に入ってこないという意味でのご指摘でしょうか。自営業者については生活保障制度の中で考えてみたと言っていますので，あるいはそういうことかなと考えたのですが。第 2 の点といたしましては，自営業者に対する雇用保障の必要性が少なくともない，需要がないということでしょうか。自らの危険負担

を計算のもとやっているわけですから必要がない。そういう需要という側面で言われているのか。それから，第3に，理念的には対象内だしまた需要もある。しかし現在の雇用保険制度の技術上の構成から言って対象にするのは無理がある。こういうことをおっしゃっているのか。以上，理念，需要，それから技術性といいますか制度的な枠組みの中のどのレベルで言われているのか。

　これについては私も若干意見がありまして，森戸会員あるいはそのほかの皆さんがおっしゃったように，自営業者というよりは，私は雇用類似のような形態で働く契約労働者はぜひこういう中に入れてほしいと思っている。一つだけ意見を言うと，キャリアという問題で，先ほどから議論になっているのですが，必ずしも雇用の中だけでキャリア展開するわけではなく，自営的なかたちでのキャリアも付けていく方もいるわけですので，そういったことで，統一的，統合的な政策というものが必要ではないかと思っています。

　藤原（関西大学）　雇用政策論の中に自営は入っています。入ってくると思います。それから，生活保障の必要というものは当然自営業者にもある。そして，そういう生活保障にある職業の喪失に対する保障が必要だ。自営業者もそれは当然あることです。ただ，ここで入れなかったのは，これは技術的な問題です。なぜ厚生労働省は入れないかというと，まず，保険料を取りにくいからです。国民年金と同じで，保険料徴収が著しく困難なのです。労災に入っている人たちは取れるんでしょうが，保険料徴収というのが困難で，モラルハザードが生じてくるということです。

　諏訪（司会＝法政大学）　よろしいですか。時間が押して参りました。先ほどもうひと方手が挙がっていました。お願いします。

● 雇用保険仮給付

　本郷隆夫（大阪府庁）　大阪府の本郷でございます。質問ではなく，先ほど宮島会員が言われました，争議中の労働組合の組合員に対する仮給付の件に関して報告したいと思います。宮島先生がおっしゃるように解雇を争っている労働組合と労働争議の場合に仮給付通達で支給されているはずです。確か，全国金属だったと思いますけれども，大阪の争議，昭和30年代だったと思いますが，その争議の中で，解雇されている者が，労働委員会で身分を争うというときに，解雇されているのに，生活保障もないということについて何らかの給付が認められてしかるべきだということで，大阪のほうから厚生労働省の本省のほうに上がって，運用通達でできることになったということだと思います。

　現に私が地労働委員会の事務局におりました時に，その仮給付申請のために不当労働行為の救済申し立て事件の係属証明書を何通か交付しております。これは現実に労働運動の中で実態に合った運用ということで制度が動かされていく，一つの証明であろうというものだと理解しております。恐らく宮島会員もそういう認識からこの討論

の中で問題提起されたのではないかと理解しておりますので，1点ご報告だけ申し上げたいと思います。

　諏訪（司会＝法政大学）　ありがとうございました。ほかにご質問，ご意見はありませんか。それでは，少しまだ時間がありますが，朝から長時間にわたりまして，大変熱心にご清聴いただき，またご義論いただきましてありがとうございました。以上をもちまして今回の大シンポジウムを終わらせていただきます。どうもありがとうございました（拍手）。

（終了）

※発言者の所属はシンポジウム当時のもの

回顧と展望

構造改革と労働法制 　　　　　　　　　　　　　　　　浜村　　彰
労働者派遣法 　　　　　　　　　　　　　　　　　　　矢部恒夫
有期労働契約 　　　　　　　　　　　　　　　　　　　大山盛義
解雇法制——解雇ルールは明確にされたか？ 　　　　　紺屋博昭
裁量労働制 　　　　　　　　　　　　　　　　　　　　勝亦啓文

構造改革と労働法制

浜 村　　彰
（法政大学）

I　はじめに

　1990年代に入ってから，構造改革や規制改革（緩和）の一環として労働法制の改編が相次いでなされている。昨年成立した労基法や労働者派遣法の改正も，総合規制改革会議の第2次答申の大枠に沿って実現されたものであり，今や構造・規制改革の下で進められる労働法制の改編に疑義をとなえる者は抵抗勢力との烙印を押されかねない状況である。また，長期低迷する日本経済を再生させるには，構造改革や規制改革以外に有効な手立てはないとするのが，マスコミや世論の多数説のようである。

　しかし，小泉政権が掲げる「構造改革なくして景気回復なし[1]」というスローガンは，はたして疑う余地がない政策命題なのか。また，従来の日本的雇用慣行や労働法制は，構造改革論のいうように時代の変化に適応できない旧態依然とした慣行・制度として，経済再生の足かせとなっているのであろうか。

1）　小泉政権の掲げる構造改革の具体的内容は，実はそれほど明確ではなく，最近では金融部門の抱える不良債権処理がその中心をなしているようである。しかし，これは厳密な意味での構造改革ではない。本稿では，構造改革論の発信源となっている総合規制改革会議などの政府の諮問機関の答申や報告書で用いられている本来の意味での構造改革，すなわち市場原理に従った資源配分により経済全体の効率化をはかり，日本経済の力を再生しようとする各種の制度改革，という意味で構造改革という言葉を用いることにする。また，規制改革（緩和）という用語は，構造改革の中でとくに法律や行政などによる諸規制を撤廃または緩和することを指すものとして用いる。ちなみに，政府の各種諮問機関の答申などをみると，規制改革は，構造改革を実現するための重要な柱と位置づけられているから，上記のような理解をしても間違いはないと思われる。

回顧と展望①

　最近の経済学における論議をみると，こうした考え方は必ずしも「定説」とはなっていない。むしろ構造・規制改革は直ちに景気回復や雇用創出をもたらすわけではなく，今日のデフレ状況において規制緩和により雇用の流動化を進めた場合には，かえって失業者の増大や雇用不安の拡大により総需要を冷え込ませ，デフレを一層深刻化させるとの異論が繰り返し主張されている。筆者は経済学については全くの門外漢であるが，最近の経済学の議論をみる限りでは，「構造改革なくして景気回復なし」という政策命題は自明の前提ではないばかりか，日本経済にとって大きなリスクを招来しかねない印象を受ける。そこで，本稿では，最近の構造・規制改革に関する経済学の議論を個人的に理解しえた範囲で整理・紹介しながら，①なぜ構造改革や規制改革が必要とされるのか，②構造・規制改革は何をもたらし，何をもたらさないのか，③日本経済の再生や構造改革のために労働法制の改編が本当に必要とされるのか，という3点について検討を加えることにしたい。

II　なぜ構造改革・規制改革なのか？

　今日の構造・規制改革論の源流が，80年代アメリカのレーガノミックスやその理論的支柱になったサプライサイド経済学にあることはいうまでもない。日本においても，アメリカの成功体験を参考にして，特に90年代後半から規制緩和論が盛んに唱えられ，行政改革委員会や規制緩和（改革）委員会，最近では総合規制改革会議や経済財政諮問会議を発信源とする構造改革路線が日本の政治・経済政策の主流を形成している。

　このような構造改革論や規制緩和論が興隆する背景には，巨額の赤字を抱えた行財政改革の必要性のほかに，経済のグローバル化による国内市場の開放要請や良質で安価な製品・サービスを求める消費者ニーズの高まりなどがある[2]。しかし，昨今なによりも構造改革の必要性が叫ばれるのは，バブル景気崩壊後に低迷状態に陥っている日本経済を再生させるためには，構造改革こそが最も

2）　橋本寿朗・中川淳司編『規制緩和の政治経済学』（有斐閣，2000年）11頁以下参照。

有効な処方箋であると考えられているからである。それでは，構造・規制改革とは具体的に何を指しているのか，そして，それがなぜ日本経済を再生させることになるのであろうか。

構造改革論によれば，日本経済の低迷の主たる原因は，なによりも高成長期に確立した様々な制度・慣行からなる日本的システム（とくに行政主導型経済システム）がその後の経済社会環境の大きな変化に適応しえないことにあるとされる。[3] したがって，日本経済を再生させるためには，規制緩和によって従来の制度・システムの変革を押し進め，人材や資金を市場原理に従い効率性の低い部門からより高い成長部門へ移動させる必要があるとし，それによる市場からの衰退産業の退場とそれに代わる新しい成長産業の不断の登場こそが「創造的破壊」であり，経済成長の源泉であるとする。[4]

また，とくに雇用・労働分野の構造・規制改革については，経済のグローバル化などによって企業や産業の栄枯盛衰のテンポが速くなり，労働者の雇用期間も全体として短くならざるを得ないから，衰退部門から成長部門への労働力の円滑な移動を通じて雇用が保障される体制へ変革させるとともに，多様な就業・雇用形態に対応し得るように従来の制度を改革していく必要があるとしている。[5]

このように構造改革論は，規制撤廃・改革を通じた市場原理の徹底と雇用の流動化により，従来の規制によって守られてきた効率性の低い衰退産業に代わってより効率性の高い成長産業へ資源と人材が再配分されることにより，経済全体の効率化が図られ，生産・供給能力が高められると当時に，それが新たな消費や投資を生み出して持続的な景気回復が図られるとする。

---

3) 総合規制改革会議『規制改革の推進に関する第2次答申―経済活性化のために重点的に推進すべき規制改革―』（2002年，http://www8.cao.go.jp/kisei/siryo/021212/index.html）。

4) 行政改革推進本部規制改革委員会『規制改革についての見解』（2000年，http://www.kantei.go.jp/jp/gyokaku-suishin/12nen/1215kenkai/index.html），経済財政諮問会議『今後の経済財政運営及び経済社会の構造改革に関する基本方針』（2001年，http://www.kantei.go.jp/jp/singi/keizai/tousin/010626honbun.html）。

5) 総合規制改革会議『規制改革の推進に関する第1次答申』（2001年，http://www8.cao.go.jp/kisei/siryo/011211/）。

回顧と展望①

Ⅲ 構造・規制改革は日本経済を再生させるのか

1 なぜ日本経済は長期停滞しているのか

それではこうした構造・規制改革を行えば，実際に日本経済が再生するのであろうか。先に述べたように，むしろ最近の経済学者の多くはこれに否定的な態度をとっている。こうした見解の対立は，今日の日本経済の低迷や不況の原因をどこに求めるのか，という点に基因している。

前述したように構造改革論は，これまでの行政主導型の規制的経済システムは，経済成長期のキャッチアップにはそれなりの強さを発揮したが，今日の経済のグローバル化やIT革命などによって引き起こされる新たな構造変化には適合できず，本来淘汰されるべき非効率部門を温存させるなどして，産業構造の調整や効率化を遅らせ，それによる日本経済の競争力の低下こそが新たな経済成長の足かせになっているとする。[6]

これに対し経済学者の多くは，日本経済の長期的低迷の原因は，構造改革がなされなかったからではなく，バブル景気崩壊以後の金融政策の失敗（金融の過度の引き締め）とそれによるデフレの進行にあるとしている。[7] 構造的なサプライサイドの非効率性＝供給不足や生産性の低下，あるいは産業の競争力の低下によって生じたのではなく，バブル崩壊後の総供給に対する総需要不足＝デフレ・ギャップにより生じたとする。[8]

実際，バブル崩壊後の90年代からほぼ一貫して消費者物価が下落するととも

---

6) 経済戦略会議答申『日本経済再生への戦略』（1999年，http://www.kantei.go.jp/jp/senryaku/990226tousin-ho.html），野口悠紀雄『1940年体制』（東洋経済新報社，1995年）151頁以下，伊藤元重『市場主義』（日経ビジネス人文庫，2000年）85頁以下，鶴田俊正『規制緩和』（ちくま新書，1997年）8頁以下参照。とくに吉田和男『日本経済再建「国民の痛み」はどうなる』（講談社＋α新書，2001年）124頁以下は，今日の不況の原因は，①バブル期の過剰整備・過剰雇用の償却やリストラの遅れが企業の競争力を低下させたこと，②不良債権処理の遅れが信用収縮をもたらしていること，③社会主義国の崩壊とアジア諸国のテイクオフが国際競争を激化させ，日本の競争力を相対的に低下させたこと，④日本経済がIT革命などの技術革新の流れに乗り遅れ，イノベーションを生み出させなかったことなどあるとする。

7) 原田泰『日本の失われた十年』（日本経済新聞社，1999年）9頁，66頁。

に，失業率が上昇していることを考えると，総需要が減退していることは明かである。より厳密にいうと，90年代前期の不況は，バブル景気の後遺症として大幅な資産価格の下落（資産デフレ）が発生し，それが家計消費の抑制と企業（設備）投資の萎縮をもたらすことによって発生したとされる。これに対して，90年代後期の不況は，96年頃にようやく需要が回復しかけたのに，橋本政権下で行われた公共投資の削減，消費税率の引上げをはじめとする財政構造改革（緊縮財政政策）がこれに冷水を浴びせかけて消費減退を引き起こすとともに，金融行政が金融ビックバンの呪縛により97年の金融の経営破綻（拓銀，山一証券などの破綻）を放置したために，さらに信用収縮（貸し渋り）をもたらして景気を一段と悪化させたとされる。[9]

かりに後者の見解が主張するように，バブル崩壊直後のストック（資産）のデフレとそれに続くフロー（物価）のデフレにより，今日の日本経済が停滞しているとすれば，こうしたデフレ・ギャップを解消しない限り景気回復は見込めないことになる。実際，デフレは，ほぼ常に雇用や所得の減少とそれによる総需要の減退をもたらす。すなわち，物価が下落しても，賃金は簡単には引き下がらないという下方硬直性を持っているから，物価が下落すればするほど，企業にとって実質賃金コストは相対的に上昇し，企業収益を悪化させる。企業収益が悪化すれば企業はリストラによってコスト削減をはかろうとするから失業者が増大し，その結果，国民所得が減少するとともに，失業者の増加と所得の減少はさらなる総需要の減退を招いてデフレを一層進行させる（デフレスパイラル）。また，デフレの長期化は，まだまだ物価が下落するとのデフレ期待を惹起させるために，家計はできるだけ支出を先延ばししようとするし，企業は投資を抑制して債務の返済を早めようするから，ますます総需要が減退することになる。[10]

このように日本経済の長期停滞の原因を，高コストで非効率な日本の経済シ

---

8) 小野善康『誤解だらけの構造改革』（日本経済新聞社，2001年）16-17頁，43頁。野口旭『経済学を知らないエコノミストたち』（日本評論社，2002年）139頁以下。
9) 山家悠紀夫『「構造改革」という幻想』（岩波書店，2001年）17頁以下，岩田規久男・八田達夫『日本再生に「痛み」はいらない』（東洋経済新報社，2003年）114頁以下。

回顧と展望①

ステムとそれを起因とする生産性の低下による総供給不足というサプライサイドの問題に求めるのか,それともバブル崩壊後の資産デフレに端を発する総供給に対する総需要の恒常的不足に求めるかによって,日本経済の再生のための処方箋は大きく異なってくる。とくに後者の見解では,構造改革よりもむしろデフレ・ギャップをできるだけ早く解消し,総需要を回復させる方策をとることこそが日本経済再生のカギとなる。

2 構造改革によって日本経済は再生するのか

これに対し,構造改革論は総需要を回復させるための財政・金融政策については消極的な姿勢を示す。すなわち,財政拡大や金融緩和などの総需要政策は,短期的な需要不足に対処できても構造問題を先送りにして,結局,古いタイプの非効率なシステムや産業部門を温存させる。そもそも現在の総需要の弱さは,企業の収益力の低下とその回復の見通しがないことによる将来の雇用や所得についての不安に基づいているから,やはり構造改革により供給面(サプライサイド)を強化して日本企業の収益力や競争力を高める必要がある。構造改革の過程で一定の痛みを伴うとしても,サプライサイドを強化して企業や産業の生産能力を高め,供給を拡大すれば,おのずから所得が増えて需要も拡大すると主張する[11]。

しかし,かかる主張に対して,構造改革によって産業や企業の供給能力や生産性を高めたとしても,直ちに景気が回復するわけではないとの強い批判がなされている。構造改革により経済全体の効率化や供給力の拡大がはかられたとしても,それ自体が総需要や消費マインドを喚起する効果を持つわけではない[12]。

---

10) 野口旭『経済論戦』(日本評論社,2003年) 6頁以下,原田泰『奇妙な経済学を語る人々』(日本経済新聞社,2003年) 87頁以下,山家・前掲注9)書97頁以下参照,金子勝『セーフティネットの政治経済学』(ちくま新書,1999年) 38頁以下。

11) 野口悠紀雄『1940年体制からの脱却が鍵を握る』(2001年 http://www.noguchi.co.jp/archive/else/0111chukou.html),経済財政諮問会議・前掲注4),同『経済財政運営と構造改革に関する基本方針2003』(2003年,http://www.kantei.go.jp/jp/singi/keizai/tousin/030626f.html#1-0),日本経済新聞2004年1月1日(朝刊)掲載の竹中平蔵経財・金融相インタビュー参照。

12) 野口・前掲注10)書61頁以下参照。

いくら総供給を効率化して良質な製品やサービスを提供しても、それを購入する総需要が存在しなければ経済全体は活性化しない[13]。また、規制の撤廃や改革により衰退産業から成長産業への資源の再配分を進める市場メカニズムが機能するようになっても、総需要全体が冷え込んでいる状況では成長産業は十分に育たないし、衰退産業からはき出された資源や労働力を吸収する力も弱いものとならざるをえない[14]。それどころか、総需要を回復する施策を講じることなく構造改革＝供給サイドの効率化を押し進めた場合には、かえって経済全体に、マイナスの効果をもたらす。なぜなら総需要が低迷しているデフレ不況下において構造改革を押し進めて総供給量を増加させれば、一層の物価の下落と失業者の増大をもたらし、総需要のさらなる減退を引き起こすことは避けられないからである[15]。スティグリッツは、より端的に「サプライサイドの経済政策は（日本などの）デフレ不況には効かない」と断言している[16]。

　もっとも、構造改革に批判的な経済学者は、構造改革それ自体に反対しているわけではない。不必要な政府の規制を撤廃して、市場原理による適正な資源配分を通じた経済の効率化をはかることの必要性は認めている。しかし、そうした構造改革をデフレ下で、しかも需要刺激策を十分に講じることなく断行することに反対しているのである。構造改革が好況期に行われる場合には、60年代の高成長期に見られたように衰退産業や非効率な企業が抱えていた資源と労働力は拡大意欲の旺盛な成長産業や効率性の高い企業に自然に移動していく。しかし、デフレ下で構造改革を行うことは、景気回復に役立たないばかりか、こうした産業構造の改革それ自体にマイナスの影響をもたらすとしているのである。

　ただし、構造改革を批判する経済学者の間でも、デフレ脱出のためのマクロ

---

13) 山家・前掲注9）書95頁以下。
14) 若田部昌澄『経済学者たちの闘い』（東洋経済新報社，2003年）179頁以下，小野・前掲注8）書62頁。
15) 小野・前掲注8）書20頁，竹森俊平『経済論戦は甦る』（東洋経済新報社，2002年）164頁以下，270頁。
16) 前掲注11)の日本経済新聞掲載のジョゼフ・スティグリッツ（2001年のノーベル経済学賞を受賞したコロンビア大学教授）のインタビュー。

回顧と展望①

政策については見解が一致しているわけではない。大きくは伝統的な財政支出政策を重視する考え方[17]と金融政策を主軸におく考え方[18]にわかれている。また，短期的経済政策として積極的財政金融政策によりまずはデフレを止め，構造改革は長期的経済政策として実施すべきとする政策パッケージ論も提言されている[19]。

このように対立する見解のどちらに軍配をあげるべきか，筆者には即座に判断することはできないしその能力もないが，いずれにせよ冒頭に述べたような小泉政権が看板として掲げる「構造改革なくして景気回復なし」というスローガンが，少なくとも自明の政策命題でなく，大きなリスクをともなっていることは確かであろう。

Ⅲ 労働法制の規制緩和は避けられないのか

1 構造改革論と労基法・派遣法の改正

前述したように構造改革論は，構造・規制改革の重要な柱として日本型雇用システムや労働法制の改編を一貫して唱えているが，それは次のような認識を前提としている。

終身雇用制や年功制といった非流動的で非効率な日本型雇用システムは，衰退産業による過剰労働力の抱え込みの原因となり，成長産業への労働力の円滑な移動や再配置を妨げて，無用な社会的コストを生み出すと同時に，より効率的な産業構造への転換の障害となっている。また，従来の労働法制による解雇や労働者派遣，有期雇用などについての硬直的な法規制は，こうした雇用の流動化と企業の自由な経済活動を制限して日本経済の活性化の足かせとなっている。こうした従来の規制によって「人材を効率的に供給すべき労働市場の機能が発揮されないことが日本経済の『失われた十年』のひとつの大きな要因となっている」とする[20]。

---

17) 山家・前掲注9)書206頁以下，小野・前掲注8)書162頁，186頁以下。
18) 野口・前掲注10)書22頁以下，同・前掲注8)書95頁，竹森・前掲注15)書272頁以下。
19) 岩田・八田・前掲注9)書2頁以下。

このような観点から，90年代に入ってから労働法の規制緩和が相次いでなされ，今回の法改正に際しても，解雇規制の大幅な緩和は見送られたものの，労働者派遣と有期労働契約などの法規制については一段の緩和が進められている[21]。今回の労基法と職安法・派遣法の改正に際しては，前述したように「衰退部門から成長部門への労働力の円滑な移動を通じて雇用が保障される体制へ変革させる」という，雇用の流動化方針がより強く打ち出され，とりわけ労働者派遣法の改正については常用雇用の代替防止という基本原則が後退する代わりに，失業の受け皿または労働力再配置の手段として労働者派遣の利用を促進するという政策目的が打ち出されている[22]。それぞれの法改正の詳しい内容と問題点については本稿に続く各論文の検討にゆだねるが，これらの法改正は，大筋において労働法の規制緩和による雇用の流動化と労働力の再配置の促進という構造改革路線に沿った内容のものといえる。

2　労働法制の規制緩和は経済再生に不可欠なのか

　しかし，これまで述べてきたように従来の日本型雇用システムや労働法制それ自体が，今日の不況の原因でも，経済再生の足かせにもなっているわけでもない[23]。経済学の多数説がいうように，バブル崩壊後の総供給に対する総需要不足＝デフレ・ギャップが不況の原因であるとするならば，非効率とされる日本的雇用システムを解体し，労働法の規制緩和による雇用の流動化を進めても，また，それによりたとえ産業や企業の競争力が強化されたとしても，それ自体によって総需要は喚起されないし，需要の惹起がない限りは経済も再生しないことになる。むしろ，こうした総供給力の強化は，需要全体が冷え込んでいる

---

20)　八代尚宏『雇用改革の時代』（中公新書，1999年）iii頁。中条潮『規制破壊』（東洋経済新報社，1995年）160頁参照。
21)　今回の解雇法制の見直し論議について詳しくは，拙稿「解雇法制と労働市場政策の今日的課題」学会誌99号（2002年）3頁以下，同「間近に迫る解雇の立法的規制」ジュリスト1235号（2002年）2頁以下参照。
22)　拙稿「改正労働者派遣法の検討」労旬1554号（2003年）20頁以下。
23)　高橋伸夫『虚妄の成果主義』（日経BP，2004年）は，動機づけ理論の観点から，日本型年功制こそが日本企業の生産性と高成長を支えてきたとし，昨今の成果主義はマイナスにしか作用しないと批判する。

不況下においては，一層の物価の下落と失業者の増大をもたらし，労働者の間で限られた雇用を奪い合う結果となりかねない[24]。また，労働法の規制緩和により，有期雇用や労働者派遣の利用が拡大し，常用雇用から非常用雇用への代替が広範囲にわたって進めば，労働者全体の所得が減少するとともに雇用不安が拡大するから，総需要が一層減退して景気の回復を遅らせることになる。衰退産業から成長産業への労働力の移動は，むしろ好況期に自然に進むのであって，不況期には成長産業はなかなか育たず，たとえ育ったとしても労働力の吸収力が弱いから，不況期の雇用の流動化は失業者を増やすだけとなりかねない。

もちろん，不況下における構造改革や規制改革のすべてが経済の活性化にマイナスに作用するわけではない。とくに有料職業紹介事業の規制撤廃などは，労働者に対する雇用機会の提供増加による総需要の拡大という効果があるから，不況下においても実施されるべきものといえる。しかし，同じ法規制の緩和でも，企業の競争力を高めるかわりに労働者の雇用不安や所得減少をもたらすような法改正をとくに不況期に断行することは，経済全体にマイナスの効果しかもたらさないおそれがある。その意味で，構造改革論のいう労働法の規制緩和は，日本経済の再生のために必要不可欠とはいえないのである。

3 構造改革にともなう労働法制改編の問題点

とはいえ，より長いタイムスパンでみれば，経済のグローバル化による国際競争の激化や技術革新の急激な進展が，日本の産業構造の変化とそれにともなう労働者の就労形態の多様化を促すことは避けられない。そのかぎりで，経済の景気変動に直接かかわりなく，従来の日本的雇用慣行や労働法の規整枠組みは一定の修正を迫られるし，事実，90年代に入ってから雇用管理の個別化とともに，労働時間法制などの弾力化が進んでいる。しかし，こうした労働法制の改編が進められるにしても，その際には次の点が留意されるべきであろう。

第一に，解雇や非典型雇用の規制緩和などのように労働者の雇用や所得に大きな影響を及ぼす労働法制の改編は，不況期に急いで断行されるべきではない。

---

24) 野口旭・田中秀臣『構造改革論の誤解』(東洋経済新報社，2001年) 132-133頁，岩田・八田・前掲注9) 書141頁。

幸い今改正にあって解雇の大幅な規制緩和が避けられたが，そうした拙速な法改正が経済全体にマイナスの影響を与え，かえって構造改革を遅らせる可能性のあることは先に指摘したとおりである。

　第二に，経済変動の加速化や労働者の就労形態・意識の多様化などにより，日本型雇用システムの見直しやバッファーとしての雇用の流動化がある程度避けられないとしても，労働者間の「身分格差」の拡大を放置すべきではない。日本的雇用慣行の縮小により，労働者の職業的自立と仕事の内容・結果に応じた処遇システムの拡大が大きなトレンドとなっているにもかからず，パート・派遣であるがゆえの不合理な労働条件格差を是認することは，労働者の人格的利益としての職業的能力やその実現としての成果を侵害することになる。こうした労働者の人格的利益の尊重としての均等待遇原則の確立とかかる公平な価値評価を基点にすえた雇用社会の再建は，非典型雇用労働者のみならず，労働者一般の処遇の在り方についても求められるといってよい。

　第三に，最近の労働法制の改編の大きな特徴のひとつは，法的規制の分権化ともいうべき規制方法の多様化であり，とくに労働時間法領域を中心にして法規制の具体化が事業場レベルの労使協議に委ねられる傾向にある[25]（最近の例として今年の通常国会に提出予定の改正高年齢者雇用安定法は，65歳までの雇用延長の対象労働者を原則希望者全員としつつも，労使協定で対象者を限定できることとしている）。また，今改正にあたり，労使委員会がすべての事業場で設置できるようになるなど，法的規制のうえで労働者代表の果たす役割は次第に大きくなっている。しかし，つとに指摘されているように過半数組合が存在しない場合に選出される過半数代表や労使委員会の民主性と代表性が法制度上十分に担保されておらず，その法的整備をはからないままに，これらの労働者代表に労基法などの最低基準を解除する権限を付与し拡大することがはたして適切なのか，疑念を禁ずることができない。労働組合の組織率が20％を切ったことを考えると，

---

25) 拙稿「労働時間規制の目的と手段」『講座21世紀の労働法5巻』（有斐閣，2000年）172頁以下参照。
26) 拙稿「従業員代表制の法制化をめぐる議論とその課題」関西経協57巻12号12頁（2003年）以下参照。

回顧と展望①

労働組合以外の労働者代表としての統一的な従業員代表の法制化を検討すべきであり[26]，また，現行法制においても，労基法等の法定基準の解除については労使協定や労使委員会の決議という集団的手続の適正化をはかることはむろんのこと，個々の労働者の個別意思を重視する方向でその具体的運用をはかるべきであろう（たとえば裁量労働制の適用については対象労働者の明示の個別的同意を実施要件とするなど）。

（はまむら　あきら）

労働者派遣法

矢 部 恒 夫
(広島修道大学)

I は じ め に

　1985年に成立し1986年7月1日に施行された労働者派遣法(昭和60年7月5日法律88号「労働者派遣事業の適正な運営の確保及び派遣労働者の就業条件の整備等に関する法律」)は,今日,1999年と2003年の改正を経て,巨大な労働市場を対象とするもうひとつの労働「基準」法にまで成長した観がある。

　前近代的な労働者支配の構造であり,労働者にとってその弊害が大きいことから禁止されていた労働者供給について,「労働者派遣」という新しい概念のもとで例外的に禁止を解除した1985年の立法は,「禁止」という絶対的な規制に開けられた1つの穴であった。それは,今日から見れば,規制「緩和」や規制「改革」というより,まさに規制「破壊」の一撃であったということができる。

　いったん認められた「労働者派遣」は,当初その対象業務が「例外」的なものに限定されていたが,その後,着実にその範囲は拡大され,1999年に至って,ついに「例外」的許容から「原則」的許容へと逆転してしまった。さらに今回の2003年改正は,製造業や医療機関への派遣解禁,同一ポストへの派遣受入期間の1年から3年への延長,いわゆる26業務についての期間制限指導の撤廃,紹介予定派遣について採用内定を理由とする事前面接の解禁などについて「緩和」措置を拡大した。

　もっとも,1999年改正も2003年改正もプラス・マイナスの両面があることは当然であるが,派遣期間徒過を防止するための派遣元による派遣終了時期の明

回顧と展望②

示や通知，派遣先による派遣労働者の直用努力義務といった措置が規制「緩和」の大きく強い流れに抗する措置としては，その実効性を疑わざるを得ない程度のものであるといわざるを得ない。

筆者は，労働者派遣事業が経済的社会的状況の一局面で一定の役割を果たすべき場合があることを否定するものではないが，そうした役割を評価する場合であっても，労働者の人格の尊厳や労働組合活動の承認，直接雇用や均等待遇取扱という労働法上の原理原則をゆるがせにしないという制限，すなわち「規制」が必要であると考える。しかし現実は，そうした「規制」を強化・整備するのではなく，わずかながらの規制でさえも「緩和」ないし「改革」すべき対象ないし目標にされてきている。最近の立法状況はまさに憂うべきものである。

II 労働者派遣をめぐる主な論点

1 「労働者供給」禁止の例外的解除としての「労働者派遣」

労働者派遣法第2条第1号による「労働者派遣」の定義は，職業安定法第4条第6項による「労働者供給」の定義とあいまって理解されるものである。つまり，「労働者派遣」が外形的に「労働者供給」と同一であることを前提として，「労働者派遣」を例外的に許容するがために，両者をともかく区別しようとする技術的取扱いであったといえる。

この定義によると，労働者派遣にあっては，派遣労働者の契約関係はいわゆる派遣元事業主との間に存在し，雇用責任を負う派遣元によって労働者の保護が確保されることになる。はたしてそうであったか。

かえって，労働者供給事業として取り締まるべき職業安定法違反状態を放任して，グレーゾーンを含む不安定雇用のカタログを増やし，労働者保護の観点から見て不十分な施策にとどまるものでしかなかったというべきである。

2 派遣元の責任＝雇用者としての責任

労働者派遣法は，雇用責任を負う派遣元と派遣労働者を実際に使用する派遣先との間で，就労に関する諸条件について労働者保護の観点から関連法令に基

づく責任を分担ないし共有させている。そもそも，直接雇用する者が労働者を使用するという直接雇用の原則下にある諸規定を振り分けるのであるから，それ自体，多岐にわたる複雑な作業であるが，労働者保護という観点から吟味することが必要である。ここでは就業規則と賃金についてのみ言及する。

　労働者派遣は，派遣労働者が派遣元で使用されることをまったく想定しておらず，したがって，派遣元が事業収益をあげるためには派遣先を確保することが至上命令となる。このとき，就業規則の制定義務がある派遣元では，その内容はあらゆる派遣先の要請を受け入れられるものとならざるを得ない。すなわち，労働条件はふだんに向上させることが求められているにもかかわらず，現実には，派遣元に対する派遣先の優越的力関係により，法の定める最低基準に向かって引き下げられる傾向を強く持たざるを得ない。

　また，派遣元の利益の源泉は派遣労働者の労働に基づく派遣料金に他ならない。派遣先による労働者派遣を利用する主たる理由がコストの削減である以上，これまた派遣料金は抑制されざるを得ず，派遣元による利益の確保のためには派遣労働者の賃金も抑制されることになる。いわば，派遣労働者の賃金は，派遣先と派遣元による「二重」の抑制を受けていることになる。そして派遣元によるこうした派遣労働者の賃金抑制は，「中間搾取」的形態であるというべきである。

3　派遣先の責任（その1）＝直用責任

　労働者派遣法は，派遣労働者について，雇用責任は派遣元，使用責任は派遣先としており，このことは，いわゆる「雇用」と「使用」の分離を図る制度であると理解されている。

　しかし，直接雇用を原則とする労働法上の要請からすれば，「雇用」責任をあげて派遣「元」にのみ課することは，形式的には妥当するようであっても，実質的には，まさに「雇用」と「使用」の分離から生じる不利益を労働者にのみ課する結果となっている点が見逃されている。派遣労働者を使用する派遣「先」もまた「雇用」責任を分担すべき地位にあるものとして法的措置が必要であったというべきである。

4　派遣先の責任（その2）＝違法派遣時の責任

　労働者派遣は，禁止された労働者供給を例外的に許容するものであり，そうした例外的許容である限り，法の定める諸条件を適正に履行することが強く求められる。そして，その履行が果たされないときは，労働者が派遣先に対して，直接雇用という本来の責任の履行を求めることができなければならない。いわゆる違法派遣の場合に派遣先が負うべき責任である。

　しかし，こうした法政策は採用されず，極めて限定された状況での微温的な雇用申込についての「努力」義務が定められたに過ぎない。この程度の「義務」でさえ，それが導入されたのは，労働者派遣の対象が「例外」的許容から「原則」的許容に変更された1999年改正の段階である。

5　労働組合活動の承認

　労働者が自由にその労働組合を結成できることは当然であるが，派遣先との関係では，その活動が制限されている現実がある。雇用責任を負わないことを理由として，派遣先は派遣労働者に関する団体交渉に応じないことが通例である。派遣元との団体交渉では，2で述べたように，その労働条件は派遣先の条件に最大限対応できる可変的なものでなければならず，交渉の余地は限定されているといわざるを得ない。

　また，派遣労働者が登録型である場合，派遣元は派遣労働者である間だけの使用者であり，継続的な労働条件交渉ができにくく，さらに，さまざまな派遣先に分散して就労することによって，派遣元における団結の基盤そのものが奪われているといってよい。

　もっとも，労働組合の側にも責められるべき点がある。いわゆる正規労働者を中心とする労働組合組織が派遣労働者を含む非正規労働者の労働条件を等閑視していることも一因である。その間に，正規労働者の土台そのものが侵食されてきていることに気づくべきであったであろう。

6　派遣先労働者との均等待遇

　均等待遇の原則は労働法上の原理原則の一つであることからすると，労働者

間の労働条件に関する均等待遇は，派遣労働者のみならず，いわゆる正規・非正規労働者間の重要問題である。

　派遣労働者の場合，その労働条件は雇用責任を負う派遣元が労働者保護の観点から設定しているというタテマエとなっている。派遣元は派遣先労働者の労働条件を把握すべきものとされており，均等待遇は派遣元の責任であるかのようである。しかし，2で述べた状況を前提に考えると，実効ある措置のためには，派遣先における均等待遇についての派遣先の責任は不可欠である。現在までにそうした施策はまったく取られておらず，また，その必要性も「緩和」ないし「改革」論者において認識されてはいないようである。

7　「常用」雇用を侵害しないこと（その1）＝対象業務の限定

　1985年の法制定以来，労働者派遣が「常用」雇用を害さないことが常に要請されてきている。1985年法は，専門的知識・経験を必要とする業務と特別の雇用管理を必要とする業務に限って労働者派遣を許容したが，当時すでに，それらの業務の一部が「常用」雇用を代替する可能性が指摘されていた。そして今日，いわゆるネガティブリスト方式への転換が図られ，一部を除くあらゆる事業・業務が労働者派遣の対象となったことは，「常用」雇用との代替を促進する誘引策が採用されたことを意味する。

　対象業務の拡大は，事業運営にとって不可欠な業務にまで労働者派遣を活用し，「常用」雇用との代替抑止は後景に退かざるを得ないであろう。8で述べる利用「事由」の限定と結びつくことによってこそ，こうした弊害を抑制することができるであろうが，「緩和」ないし「改革」論者はそのようには発想しないようである。

8　「常用」雇用を侵害しないこと（その2）＝利用事由の限定

　労働者派遣が「常用」雇用を害さないためには，派遣労働者が従事する業務が「一時的・臨時的」な事由によることが論理的帰結であると考えられるが，そのような原則は確認されていない。

　育児・介護のための休業者との代替の場合，当然，その期間は限定されるこ

とになるが，こうした派遣労働の形態こそが，「常用」雇用を害さない「一時的・臨時的」な形態であろう。

「一時的・臨時的」な利用ということは，当然，労働者派遣利用の期間が制限されることになるが，利用「事由」と結びつかない期間制限は，かえって派遣労働者の雇用「安定」を理由として，「緩和」ないし「改革」論者が期間延長を主張する根拠を与える結果となってしまっている。

9　派遣労働者の雇用安定（その1）＝登録型派遣の禁止

派遣労働者の雇用安定は，派遣元での常用雇用により確保されると思われるが，1985年法は，登録型派遣という派遣形態を法認した。登録型とは，派遣元の名簿に登載された労働者が，派遣先があった時点で派遣元に雇い入れられ，派遣先で就労し，派遣契約が終了した時点で派遣元との契約関係も終了するような就労形態である。

これは派遣元による派遣先開拓の努力に左右される形態であり，短期間の契約期間が1回限りか，継続する場合も断続的とならざるを得ない。社会保険や雇用保険にとどまらず，年次有給休暇や育児・介護休業の請求にも支障となるが，現実的な施策は見当たらない。

10　派遣労働者の雇用安定（その2）＝さしかえ・事前面接の禁止

労働者派遣法においては，派遣先は派遣労働者との間で労働契約を締結するのではなく，派遣元との間で労働者派遣を契約するのであり，その結果派遣される労働者に関する雇用責任は雇用者である派遣元にのみあるというのがタテマエである。このタテマエからすれば，派遣労働者の雇用安定は派遣元との間で考えられるべきということになり，派遣先の意向に左右されざるを得ない「さしかえ」や「事前面接」は禁止されなければならない。

しかし実際には，就労における協調や技術程度の確認などを理由とした事前面接や個別労働者のさしかえ要求が派遣先により行なわれており，それを抑止する実効ある法規制は存在しない。これでは結局，派遣先の人件費抑制，すなわち人員削減の代替手段として労働者派遣が利用されていることを放任ないし

追認しているというべきである。

もっとも，派遣先による派遣元に対する優越的力関係を見れば，派遣元が雇用責任を負うというタテマエそのものの妥当性が疑われる。

11　派遣労働者の雇用安定（その3）＝紹介予定派遣の禁止

労働者派遣の自由化と軌を一にした職業安定法改正により登場した紹介予定派遣は，10で述べた派遣労働者のさしかえ・事前面接の禁止を形骸化する施策であり，また，労働者派遣の実態からみて，職業紹介を派遣元が行なうことによる10までに述べた弊害の除去はまったく考慮されていない。

Ⅲ　正反対の将来像

2000年5月21日の第99回日本労働法学会ミニ・シンポジウム「改正労働者派遣法の意義と検討課題」での脇田会員と安西会員の報告は，労働者派遣法をめぐる議論における立脚点の違いが鮮明となったものであった。1999年改正を受けて，さらに3年後の見直しに向けた議論であったが，2003年改正を終えた今，労働者派遣が「主たる」雇用に成長する扉が開かれたのではないだろうか。

筆者は，派遣労働を厳しく規制されるべき就労形態であると考えているが，労働市場と就労形態の実際は，不安定雇用の拡大へと大きく舵を切ったように思える。ME化，サービス経済化の標語のもと「中間労働市場論」が，まがりなりにも「常用」雇用を維持してきた日本的就労形態の一角を切り崩し，グローバル化，国際競争力の強化などをめざして唱えられた「新時代の日本的経営」は，雇用形態の三分化を主張し，「常用」雇用を一部の幹部従業員に限定することを求めている。1995年の提唱以来，雇用・労働政策はその方向に沿って速度を速めているように思える。

不安定雇用の拡大は，「常用」雇用や均等取扱原則が貫徹しない場合，人的資源の低コストでの消耗を早めるだけでなく，将来への不安や極度の節制から来る生活不安は，社会不安の土壌となっていくことが予想される。国民の大半を占める雇用労働者の生活環境が悪化した社会は，その発展そのものが危ぶま

れることにならないだろうか。

　労働法制における規制の「緩和」ないし「改革」のもたらす弊害を認識した政策・立法が今こそ求められている。

（やべ　つねお）

有期労働契約

大 山 盛 義
(沖縄国際大学)

I　はじめに

1　改定内容と本稿の課題

2003年7月に制定された「労働基準法の一部を改正する法律」(平成15年法律第104号。2004年1月1日より施行)は、解雇権濫用に関する規定を創設した他、裁量労働制及び有期労働契約に関する規定も改定した。このうち本稿の課題である有期労働契約法制に関しては、「雇用形態の多様化が進展する中で、有期労働契約が労使双方にとって良好な雇用形態として活用されるようにしていくため」との趣旨から、次のような改定が行われた。[1]

① これまで原則1年であった上限期間を3年に延長(改定労基法14条1項本文)。また「特例」とされた専門的知識等を有する労働者(以下「専門的労働者」とする)[2]および満60歳以上の労働者については上限期間を3年から5年に延長(同14条1項1号)。

---

[1] 有期労働契約法制の2003年改定については以下の文献がある。島田陽一「解雇・有期労働契約法制の改正の意義と問題点」労働法律旬報1556号4頁以下、中内哲「有期労働契約」ジュリスト1255号36頁以下、岩村正彦・荒木尚志・塚原英治・中山慈夫〔座談会〕改正労基法の理論と運用上の留意点」ジュリスト1255号6頁以下、中島正雄「有期雇用拡大政策と法的課題」西谷・中島・奥田編『転換期労働法の課題』(2003年、旬報社)339頁以下、野田進「有期労働契約法制をめぐる留意点」関西経協2003年7月号10頁以下、等。

[2] 平15年10月22日・厚生労働省告示第356号により専門的労働者としては、医者・弁護士・公認会計士・一級建築士等が認められている(http://wwwhourei.mhlw.go.jp/~hourei/doc/hourei/151104-f.pdf)。

②　「特例」のうち専門的労働者について利用要件を簡素化し緩和した上で統合（同14条1項1号）。

③　期間が1年を経過したのち労働者は何時でも退職できるとする措置の創設。ただし「特例」の場合と一定事業の完了に必要な期間を定める労働契約を締結した場合には適用されない（同附則137条）。また，この措置は，法律施行後3年を経過した後，施行状況を検討し必要な措置を講ずるまでの暫定的なものである。

④　反復更新や雇止め等に関するトラブルを防止するための「基準」を厚生労働大臣が定め得る旨の規定の創設（同14条2号・3号）。

本稿では有期労働契約に関する法規制の意義を概観したうえで，今回改定された有期労働契約法制の諸問題を検討する。

2　有期労働契約の法規制と2003年法改定

(1)　法規制の意義——1998年法改定まで

労基法は，戦前労働関係において見られた長期にわたる労働者の身分的拘束等を防止する趣旨で，有期雇用契約の上限を5年とする民法626条1項[3]を修正し，1998年の法改定まで有期労働契約の上限期間を原則1年としていた。しかし戦後の日本社会では，かかる「身分的拘束」の危険性が低下したことや労働経済環境の変化を背景に，上限規制の緩和を求める動きが特に経営者側から出てきた。こうした中で1998年の有期労働契約に関する法改定は，専門的労働者を一定期間雇用したいとする企業や，多様な働き方を希望する労働者のニーズに対応するとの趣旨から行われた。この改定により上限期間を1年とする原則は維持しつつも，専門的労働者及び満60歳以上の労働者については特例として上限を3年とする有期労働契約の締結が可能となった。

(2)　2003年法改定

1998年の労基法改定では「特例」に関し厳格な利用要件が付されたこと等か

---

[3]　同条の趣旨は，長期にわたる法的束縛が公益に反するとの考えから雇用契約が5年を経過した後は，労働者からだけでなく使用者からも何時でも契約解除を認めたもの，とされている（幾代・広中編『新版　注釈民法（16）』（1995年，有斐閣）79頁〔三宅〕）。

ら，経営者側は有期労働契約法制のさらなる規制緩和を要望することとなった[4]。一方，政府も「規制緩和推進3か年計画（改定）」（2002年3月）において「働き方の選択肢を増やし，雇用機会の拡大を図るため[5]」に有期労働契約の期間延長について検討をすすめることを閣議決定し，労働政策審議会の答申を経た上で，2003年3月，第156回通常国会に労基法改正法案を上程した。

　上限期間を原則1年から3年（専門的労働者等については3年から5年）に延長すること等を骨子とする政府案に対し野党側は，不安定雇用の増大，新卒者採用に有期労働契約が利用されるといった事実上の「若年定年制」の導入，労働者の「足止め」等の問題が生じることを懸念して反対の立場にたった。これらについて政府は，上限期間の原則を延長することについて労働者にとってのメリットを「雇用の選択肢が拡大し，雇用の安定が図られ，長期的視点からの能力やキャリア形成が可能になる[6]」と説明した。また，上限期間延長が「若年定年制」導入の結びつく可能性については否定出来ないとしつつも[7]，「常用雇用の代替化」という懸念に対して政府は，企業の事業戦略等の一環として人員構成・配置など総合的に決まるために常用雇用の有期労働契約の代替が直ちに進むとは言えないとの異見を示した[8]。法案は，暫定措置として，制限付きながら労働者の退職の自由を認める附則137条を付加する修正が衆議院で施されたうえで，最終的に6月27日の参議院本会議において可決された[9]。

---

4) 2001年10月経団連は，経済環境の変化の中で終身雇用中心のシステムを見直そうとする企業と多様な労働者の就労ニーズに対応すべく「最長5年の労働契約を誰とでも締結が可能となるよう，契約期間制限を緩和すべきである」との要望を出している（http://www.keidanren.or.jp/japanese/policy/2001/044/01.pdf）。

5) http://www8.cao.go.jp/kisei/siryo/020329/2-03.pdf

6) 2003年5月6日衆議院本会議・坂口力厚生労働大臣による法律案の趣旨説明。なお国会の審議内容については，中内・前掲注1）論文を参照。また国会の議事録等は，http://kokkai.ndl.go.jp/ より入手可能である。

7) 2003年5月28日衆議院厚生労働委員会18号。坂口力厚生労働大臣は，上限期間延長のデメリットの一つとして若年定年として利用される可能性があることを認めている。

8) 2003年5月6日衆議院本会議26号，小泉純一郎総理大臣答弁他。

9) 立法に至るまでのより詳細な経緯については，前掲注1）の島田・論文8頁以下及び中島・論文339頁以下を参照。

回顧と展望③

II　改定有期労働契約法制と解釈・運用上の問題点

1　上限期間延長

(1)　雇用選択肢の拡大

前述したように政府は，上限期間延長が労働者の雇用の選択肢を拡大し雇用を安定させると趣旨説明をした。しかし上限期間が3年（または5年）に延長されたとはいえ，これに応じて使用者が実際に期間を延長し契約を締結すべき義務が生じるのではなく，従来通り1年以下の期間で労働者を雇用することも可能である。加えて，契約締結時では，多くの場合，使用者が期間の長さを設定するというのが実情であろう。これらに鑑みると，上限期間延長が使用者の選択肢を拡大しこそすれ，直ちに労働者の雇用選択肢の拡大に結びつくものではないように思われる。

(2)　退職の自由

民法628条但書は，有期雇用契約を解除した者の損害賠償責任を定める。上限期間延長に伴い長期の期間を定めた場合，労働者が損害賠償責任を負うことを危惧して退職を躊躇う（いわば「足止め」される）のではないかという問題がある。そのため国会の審議過程でも，野党側は労働者の退職の自由を保証する規定が必要であると主張したが，政府は民法原則の修正につながるとの理由から当初はこれに消極的であった。[10]最終的には，法施行3年経過後の検討に基づく必要な措置が講じられるまでの暫定措置として，先に紹介した附則137条が創設された。これにより，有期労働契約（一定の事業の完了に必要な期間を定めるものを除き，その期間が1年を超えるものに限る）を締結した労働者（専門的及び満60歳以上の労働者を除く）は，民法628条の規定にかかわらず，当該労働契約の期間の初日から1年を経過した日以後においては，使用者に申し出ることによ

---

10)　2003年5月6日衆議院本会議26号。坂口力厚生労働大臣の答弁。

11)　附則137条は，労働者側からの解約のみを認め使用者には認めていない点で片面的な規定である。同種の規定としては，1997年に制定された大学の教員等の任期に関する法律5条5項があり，私立大学の教員について，当該任期中（当該任期が始まる日から一年以内の期間を除く）にその意思により退職することが可能である旨を定める。

り，いつでも退職が可能となった[11]。この附則137条によって，一定の有期契約労働者について「足止め」はとりあえず回避されたといえよう。

一方，今回の法改定では上限期間が5年に延長された「特例」の専門的労働者等については附則137条が適用除外されているために，労働者からの契約解除に対し，なお損害賠償責任の可能性が残されている。また今後は企業も，こうした専門的労働者を雇用する場合，その専門能力に期待し，かつ，中長期的な企業戦略に基づいた業務に組み入れていくものと考えられる。結果として，通常の労働者の場合に比し，「特例」の専門的労働者による契約解除は，その「業務の専門性」と「契約の中ないし長期性」から企業の損害を増幅させる契機となる場合もでてこよう。そのため，従来は労働者に対する使用者側からの損害賠償請求の事例が見られなかったとはいえ[12]，専門的労働者からの契約解除に関しては今後も同様に推移するとの予断はできないだろう。このように「特例」による専門的労働者の契約の場合，より一層の「足止め」効果が生じると予想されることからすれば，専門的労働者等についても一定の要件下で退職の自由を保証する立法的手当が必要であろう。

(3) 退職予告

附則137条の文言上，就労期間が1年を経過した労働者は「いつでも」退職できるとなっており，この場合退職の予告も不要と解すべきであろうか[13]。

一般に，労働契約の人的・継続的性格から，当事者双方は相手方の利益に配慮し，誠実に行動すべきことが要請される[14]。この点，労働契約である以上，有期契約といえども変わりなかろう。また，附則137条の趣旨が，労働者を損害

---

12) 2003年6月3日衆議院厚生労働委員会20号。解除による民法の損害賠償責任について小宮文人参考人は，損害の立証等の困難性から訴訟を提起する使用者は少ないのではないかと指摘する。また，2003年5月28日衆議院厚生労働委員会18号において鴨下一郎厚生労働副大臣は，期間満了前の退職に関し，使用者から損害賠償請求をされたといった事案について，現時点で厚生労働省としては把握していないと答弁している。

しかし本文で述べたように，今後使用者側の対応は十分に変わり得るだろうし，何よりも損害賠償責任の可能性は退職を希望する労働者を心理的に拘束するものといえよう。

13) 労働者からの解約予告期間については，岩村他・前掲注1)〔座談会〕改正労基法の理論と運用上の留意点」12頁以下の議論も参照。

14) 菅野和夫『労働法(第6版)』(2003年，弘文堂) 78頁。また内田貴『契約の時代』(2001年，岩波書店) 321頁以下等も参照。

賠償責任から解放し，よって「足止め」の回避という点にあるとすると，この趣旨を没却しない程度の期間，「退職予告」を要求することも労働者にとって過度の負担とはならないと思われる。したがって附則137条に基づき退職する労働者であっても，使用者になるべく不測の損害を生じさせないよう一定の予告期間をおくことが，契約上の義務として含まれていると解すべきであろう。[15]

2 専門的労働者の利用要件緩和の問題点

(1) 趣旨の変化

法改定前は「特例」として専門的労働者を利用する場合，雇用の不安定化を防止する趣旨から「当該高度の専門的知識等を有する労働者が不足している事業場において，当該高度の専門的知識等を必要とする業務に新たに就く者に限る」（改定前労基法14条1号及び2号）と規定されていた。かかる文言の解釈上，「専門的労働者が現に不足している」こと，「新たに就く者」であることが要件とされた。[16] しかし今回の改定で先の文言は「当該高度の専門的知識等を必要とする業務に就く者に限る」（改定労基法14条1項1号）と書き換えられ「不足している事業場」と「新たに就く者」という要件は撤廃されている。その結果，法改定前までは既に雇用している専門的労働者を解雇，あるいは配転・出向・転籍させた後（例えば「リストラ」後）では「不足している事業場」に該当しないため，「特例」で専門的労働者を雇用することができなかったが，法改定後は，このような場合でも当該労働者の雇い入れが可能となった。また「新たに就く者」という要件も撤廃されたため，例えば同一労働者の有期契約について，最長5年の契約期間を反復して更新することも，より具体的には，1回の更新のみで10年もの間（更新2回で15年間），有期契約労働者として利用することも可能となった。

以上のように，専門的労働者に関する有期労働契約法制においては，常用雇用への代替化を防止しようとする改定前の趣旨は霧消してしまっている。

---

15) 暫定措置である附則137条が，労使間の安定したルールとして機能し，確立されるためにも，予告期間を労働者に求めることが必要であろう。
16) 菅野・前掲注14)『労働法』185頁参照。

(2) 「特例」による労働者のメリット

期間の定めのない労働契約を締結した正規従業員は，解雇権濫用法理によって雇用保障され（改定労基法18条の2），かつ，損害賠償のおそれなく退職ができる（民法627条1項）。これに対し，「特例」によって契約を締結した専門的労働者の場合，使用者による契約更新拒否は原則として解雇とは評価されず，また中途退職については損害賠償責任を負わされる可能性がある。これらと上述した「特例」による専門的労働者に関する法改定の内容を斟酌するに，労働者が敢えて長期間の有期労働契約を締結するメリットは奈辺にあるのか疑問が残る。[17]

3 有期労働契約の反復更新と雇止めについて

有期労働契約の反復更新後の雇止めは，法的には解雇ではないが事実上解雇と同様の効果を労働者にもたらす。そのため，有期労働契約の反復更新後の雇止めに関する問題は，有期契約による労働者の「雇用の不安定化」を防止する点から，早急に解決すべき重要課題であったといえよう[18]。

今回の改定では，有期労働契約の締結時及び当該労働契約の期間満了時において労働者と使用者との間に紛争が生ずることを未然に防止するために，厚生労働大臣は使用者が講ずべき措置について基準を定めることができ，また行政官庁は使用者に対し必要な助言と指導ができるとする規定が創設された[19]。当該

---

17) そもそも上限を5年に延長することの必要性自体を問う声があることに留意すべきであろう（例えば，2003年6月3日衆議院厚生労働委員会20号における川口美貴参考人の意見等）。
18) この反復更新と雇止めの問題は，企業の継続的業務であるにもかかわらず，それに従事する予定の労働者を有期契約で雇用することに起因する。これは，期間の定めのない労働契約を締結する場合に発生する，解雇権濫用法理の適用等の法的な事柄をも含めた，様々なコストを回避しようとする企業側の意図が背景にあるといえよう。もっとも周知のように，有期労働契約の反復更新後の雇止めに関しては，裁判において「解雇権濫用法理」が類推適用され一定の法的救済がなされている（東芝柳町工場事件・最判昭49・7・22民集28巻5号927頁参照）。なお有期労働契約の判例を整理した最近の文献として，小宮文人「有期労働契約〔上〕」労働法律旬報1555号6頁以下及び「同〔下〕」同1556号14頁以下がある。
19) 島田・前掲注1）論文12頁は本条を，雇止め等に関する行政指導について労基法上に根拠を与えるものにすぎないと指摘する。

規定を受けて平成15年10月22日厚生労働省告示357号が出されたが，これは平成12年12月28日基発779号の内容とほぼ同様である[20]。また，これらの行政官庁による指導等が使用者に対する罰則を伴うものでもない。以上からすると，有期労働契約の反復更新後の雇止めの問題について，今回の改定では実質的な進展は見られなかったといえよう[21]。

III むすびにかえて

有期労働契約に関する法規制の論点は多岐にわたるが[22]，国会審議においても問題となったように，重要な事項については「契約自由の原則」との調整が必要になる。そして，この調整を図る場合，有期労働契約の反復更新や雇止めといった雇用調整的な利用方法が，有期契約労働者の雇用の不安定化を招来し，正規従業員との待遇格差の一因ともなっている実態を等閑に付すのは妥当ではないだろう。「有期労働契約が労使双方にとって良好な雇用形態として活用されるように」という今回の改定趣旨に照らすと，上述のごとき利用方法は，企業にとってはともかく，少なくとも労働者には「良好な雇用形態」であるとは

---

20) その主な内容は「更新・雇止めに関する説明」「雇止めの予告」「雇止めの理由の告知」等に関する指針である。また基発779号は，1998年法改定後，「有期労働契約の反復更新に関する調査研究会」の報告（2000年9月11日 http：//www2.mhlw.go.jp/kisya/kijun/2-0000911_01_k/20000911_01_k_mokuji.html）が基になっている。

21) 一定期間以上反復更新された後は，期間の定めのない労働契約とみなすとする，いわゆる「みなし」規定の創設について政府は，契約自由の原則の修正になることと判例法理の方向性とは異なる点を理由に困難であるとする（2003年6月4日衆議院厚生労働委員会21号・松崎朗政府参考人の答弁）。

22) 国会の付帯決議が物語るように有期労働契約の問題は多方面から論じなければならないが，本稿では紙幅の制約上論点の全てには言及できなかった。
　付帯決議は次のような内容である。曰く，政府は，上限期間の延長に当たり，常用雇用代替を加速化させない等の配慮を行うこと，専門的労働者については，使用者との契約交渉で劣位に立つことのない労働者を当該専門性が必要とされる業務に従事させる場合に限定すること，等である。さらには，専門的労働者等の退職の自由，反復更新問題，「期間の定めのない」契約とするみなし規定の制定，正社員との均等待遇といった問題が今後の課題として挙げられている。また，有期契約労働者が育児休業法から適用除外されている（育休法2条1項）ことも，上限期間が延長されたこととの関連で早急に解決すべき課題であろう。

言い難いからである。ここで有期労働契約を「労使双方にとって良好な雇用形態」に近づけようとするならば，雇用調整的な利用方法をある程度制限することも不可避といえよう。そのためには，有期労働契約の雇用実態を踏まえた上で「労働者を継続的業務に従事させるにもかかわらず，何故契約に期間を付すのか」という観点から，「契約自由の原則」と有期労働契約の問題を再度検討する必要があろう。[23]

(おおやま　せいぎ)

---

23)　島田・前掲注1)論文12頁以下は，契約期間設定を契約自由の領域に委ねることは問題が多いとし，有期労働契約の利用事由を法定すべきことを提唱しており，傾聴すべき見解である。

解 雇 法 制
――解雇ルールは明確にされたか？――

紺 屋 博 昭

(弘前大学)

Ⅰ　解雇法制の成立背景

　労働契約に関する規制改革の一つとして，解雇に関するルールの整備が挙げられる。これまで使用者が行う解雇に正当事由を求める規定は制定法上存在しなかった。使用者の解雇権の行使は，労働基準法（以下労基法）を始めとする労働者保護法群等に規定された解雇禁止事由に制限される[1]。だがこれら特定の解雇禁止事由以外には，一般的に使用者の解雇権を制限する法定事由がなく，解雇の正当性すなわち解雇権行使の適否は，もっぱら裁判所の構築した解雇権濫用法理に照らして判断されてきた。

　最高裁判所は1970年代後期に「使用者の解雇権の行使も，それが客観的に合理的な理由を欠き社会通念上相当として是認することが出来ない場合は，権利の濫用として無効になる」と述べ[2]，解雇権濫用法理の定式化にあたった。この法理はもちろん使用者の解雇権行使の自由を修正する帰結をもたらした。

1）　労働者保護法群では，均等待遇違反の解雇，および国籍，信条，または社会的身分を理由とする差別的解雇の禁止（労基法3条），産前産後および業務災害時の解雇制限（同法19条），30日前予告または30日分の平均賃金支払（同法20条），監督機関への申告を理由とする解雇禁止（同法104条②），さらに女子労働者に対する差別的解雇の禁止（いわゆる男女雇用機会均等法8条①③），育児介護休業の申出または同休業を理由とする解雇の制限（いわゆる育児介護休業法10条）等の解雇禁止事由が挙げられる。また集団的労働法において，労働組合の組合員であること，または正当な組合活動をしたことを理由とする解雇を，不当労働行為として禁止している（労働組合法7条一）。

2）　日本食塩製造事件・最二小判昭50・4・25民集29巻4号456頁。さらに高知放送事件・最二小判昭52・1・31労判268号17頁が，解雇権濫用の程度判断について判例法理を補足したと解される。

だがこの法理は下級審裁判例において解雇の具体的基準が明確になるよう作用した訳ではなかった。下級審裁判例が形成した判例法理は，企業に対して解雇に関する行為規範を必ずしも示さず，労働者に対しても会社の不当解雇の具体像とその対抗策を示す指針となるに至ってない。

　昨今の不況と雇用情勢の変化にともなう解雇関連紛争の増加を背景に，規制改革あるいは規制緩和の文脈が加わり[3]，解雇権濫用法理の明確化と解雇ルールの明瞭化を内容とする労使双方からの立法要求が加速し具体化したのである。

II　解雇法制の制定過程

　厚生労働省は2001年9月，労働政策審議会労働条件分科会を通じて今後の労働条件に係る制度の在り方について検討を始めた。その結果は2002年12月同審議会の建議として提言された。解雇に関しては，労基法第89条所定の就業規則絶対的記載事項に解雇の事由が含まれること，同法第22条所定退職証明書に解雇理由を記載するよう解雇予告を受けた労働者が請求できること，解雇権濫用法理を労基法に明記し内容を周知徹底すること，そして解雇紛争に対して裁判所が解雇無効を判断した場合でも労使双方の申立てにより，金銭補償をもって労働契約の終了可能なルールを作成すること，の4点が提言された[4]。

　これら内容を含む厚生労働省作成の労基法改正案要綱が2003年2月同審議会に諮問され，おおむね妥当との判断が与えられた。なお解雇紛争に対する金銭解決制度は同要綱から削除された[5]。使用者のする解雇が無効という司法審査を

---

[3]　政府の行政改革推進本部規制改革委員会とそれを引き継いだ総合規制改革会議は，就業の多様化および個別化の進行と，事前規制の緩和および事後チェックをキーワードに，労働基準法の改正と解雇ルールの明確化を制度改革案の一つとして提示していた。総合規制改革会議「規制改革の推進に関する第2次答申―経済活性化のために重点的に推進すべき規制改革―」〈http://www.kantei.go.jp/jp/singi/kisei/tousin/021212/index.html〉(2003/11/30)。

[4]　労働政策審議会労働条件分科会「今後の労働条件に係る制度の在り方について（報告）」（平成14年12月26日）。

[5]　厚生労働省「労働基準法の一部を改正する法律案要綱」（平成15年2月13日発基0213001号）。

回顧と展望④

受けながら，使用者の金銭補償の申出により一方的に労働契約を終了できる制度は雇用ルールとしてのフェアネスを欠くと事前判断されたようである。

政府労働基準法改正案は閣議決定の後，2003年3月第156回国会に提出され，同年5月より衆議院厚生労働委員会にて審議が開始された。

同改正案は解雇権濫用法理の明確化案として，当初「労基法第18条の2　使用者は，この法律又は他の法律の規定によりその使用する労働者の解雇に関する権利が制限されている場合を除き，労働者を解雇することができる。ただし，その解雇が客観的に合理的な理由を欠き，社会通念上相当であると認められない場合は，その権利を濫用したものとして，無効とする」との規定を用意していた。この規定本文は使用者にその解雇権の行使は自由だと曲解させる恐れがあり，さらに解雇の合理的理由の立証責任を，従来の実務原則を転換して労働者側に負担させる恐れがあると，審議において再三の指摘を受けていた。[6]

結局同委員会では，後段にあたる但書部分を新たな本文内容とした「労基法第18条の2　解雇が客観的に合理的な理由を欠き，社会通念上相当であると認められない場合は，その権利を濫用したものとして，無効とする」との修正案が可決された。[7] 同年6月衆議院本会議通過後，続けて参議院に付託された修正同改正案は厚生労働委員会にて審議され，同様にその規定ぶりに質疑が集まったが，同月中に同会にて可決され，[8] 参議院本会議でも可決された。

なお，解雇権濫用法理の法制化に関し，衆参両厚生労働委員会において「本法における解雇ルールの策定については，最高裁判所判決で確立した解雇権濫用法理とこれに基づく民事裁判実務の通例に則して作成されたものであることを踏まえ，解雇権濫用の評価の前提となる事実のうち圧倒的に多くのものにつ

6）　2003年5月23日衆議院厚生労働委員会における城島正光議員，武山百合子議員，山口富男議員，及び金子哲夫議員の質疑と，厚生労働副大臣鴨下一郎氏，政府参考委員（厚生労働省労働基準局長）松崎朗氏の答弁等。同委員会会議録第17号。2003年5月28日衆議院厚生労働委員会における武山百合子議員，小沢和秋議員の質疑と，厚生労働副大臣鴨下一郎氏，政府参考委員松崎朗氏の答弁等。同委員会会議録第18号。2003年5月30日衆議院厚生労働委員会における城島正光議員，五島正規議員の質疑と厚生労働副大臣鴨下一郎氏，政府参考委員松崎朗氏の答弁等。同委員会会議録第19号。

7）　2003年6月4日衆議院厚生労働委員会。同委員会会議録第21号。

8）　2003年6月26日参議院厚生労働委員会。同委員会会議録第24号。

いて使用者側に主張立証責任を負わせている現在の裁判上の実務を変更するものではないとの立法者の意思及び本法の精神の周知徹底に努めること」を趣旨とする付帯決議がなされている。その他就業規則の絶対的記載事項に解雇規定を含めること，及び退職証明書に解雇理由を記載するよう解雇予告を受けた労働者が請求できることについては政府原案が可決された。

同案は2003年7月4日「労働基準法の一部を改正する法律（平成15年法律第104号）」として公布され，2004年1月より施行されている。

III 解雇ルールはどのように運用されるのか？

1 解雇の立証責任

最高裁の確立した解雇権濫用法理においては，いわゆる正当事由説とほぼ同様の効果，すなわち訴訟においては使用者が解雇理由を主張立証する必要があるとされる。労働者の働き方具合については使用者が良く知るところであるから，解雇に至る労働者の就業状況，そして所定解雇事由への抵触度について，使用者に権利濫用事実の立証負担を課すことで労働者の立証責任を緩和する。

権利濫用論の一般原則とは異なるこの扱いに対して若干の異論は見られる。解雇権の濫用を基礎付ける事実は労働者側に主張立証責任があるとの見解が存在し，最近の裁判例の一部にも「解雇権の濫用を基礎づける事実については労働者がこれを主張し疎明すべき」と述べるものがある。訴訟において，解雇権濫用法理に照らして使用者のみが解雇相当事実を立証する訳ではない。例えば

---

9) 「労働基準法の一部を改正する法律案に対する附帯決議（衆議院）」においては立法趣旨を踏まえた裁判の実現を司法府に求めており，他方「労働基準法の一部を改正する法律案に対する附帯決議（参議院）」においては，整理解雇の四要件に関するものを含む裁判例の周知徹底を監督行政に求めている。前掲注7）及び8）参照。
10) 例えば古川景一「解雇権濫用法理と要件事実・証明責任，及び解雇に関する正当事由必要説の再構成試論」『季刊労働法』194号（2000年）87頁以下参照。
11) 山川隆一『雇用関係法［第3版］』（新世社，2003年）247頁，同「労基法改正と基本ルール」『ジュリスト』1255号（2003年）53頁参照。
12) 角川文化振興財団事件・東京地決平11・11・29労判780号67頁，東京魚商業協同組合事件・東京地決平12・1・31労旬1483号39頁。

解雇権濫用を理由に解雇無効を主張する労働者は，それが濫用であり苛酷な処置であることに関連した評価根拠事実を主張立証する必要が生じ，他方使用者は濫用の事実がないことに関連した評価障害事実を主張立証する。これは一般原則に接近した民訴上の主張立証方法の一つであり，労働者側にも一部の立証負担がかかる[13]。上記の一部裁判例も同方法に則ったのであろう。

とはいえ裁判所は解雇理由を明らかにすべく使用者に証拠提出を求めることが妨げられている訳ではない。立証を尽くさなければ裁判官に解雇無効の心証が形成されるというリスクは使用者にも及ぶ。濫用の有無ではなく，解雇理由の合理性自体を争う訴訟では，使用者が解雇理由について主張立証責任をほぼ負うと解される。労働者もなお良好な勤務ぶり，すなわち勤務状況に問題がないことを最低限主張立証すべきという見解があるが[14]，問題がないことを証明させるのはいわゆる悪魔のルールに接近する訴訟上の危険がある。

新たな労基法第18条の2は，条文自体に解雇の主張立証に関する責任所在が明示されるには至っていない。つまり具体的な解雇訴訟事例にあっては，労使双方が解雇理由について，あるいは解雇権の濫用についてどの程度具体的に証明すべきなのかは，予測可能性の未だ埒外にある[15]。解雇の正当性の範疇を顕すルールとはならなかったのである。

国会審議では，上記立証問題について従来の判例法理の解釈を変動させないよう，つまり使用者の解雇立証責任を労働者に転嫁しないよう質疑が繰り返され，原案を修正可決し付帯決議までが加えられた。すなわち判例法理たる解雇権濫用法理を明文ルールとして労働基準法に掲載し，解雇無効を主張する労働者に民法一般原則によるアプローチを採用せず，解雇権濫用に該当しない事実を使用者側に立証させるルールを維持するという立法府での合意が存在する。

---

13) 山川・前掲注11)論文53頁，岩村正彦=荒木尚志=塚原英治=中山慈夫「座談会 改正労働基準法の理論と運用上の留意点」『ジュリスト』1255号（2003年）20頁以下参照。
14) 山川・前掲注11)論文53頁，岩村他・前掲注13)座談会21頁参照。
15) 根本到「解雇規制と立法政策」西谷敏=中島正雄=奥田香子編『転換期労働法の課題』（旬報社，2003年）273頁は，解雇相当を主張する使用者が主張立証責任を負うことが明確になったと述べる。他方岩村他・前掲注13)座談会は，行動規範としてのアナウンス効果を同条に見ているようである。島田陽一「2003年改正労基法・派遣法の検討［2］」『労働法律旬報』1556号（2003年）6頁は，証明責任分配を立法によって明確化すべきだったと述べる。

今後の訴訟にあって関係する当事者らは、労基法18条の2の条文内容を正当事由説に基づいて解釈運用するという配慮が求められよう。監督行政は同条の解釈および効果について、労使双方関係者らに周知徹底する予定だという。

2　解雇の理由提示および追加

解雇された労働者が退職時に解雇理由証明書を請求した場合、使用者は同証明書を遅滞なく交付することが労基法第22条第1項により義務付けられる。同条の意義は再就職活動にあたる元労働者の使用証明の便宜にあったが、平成10年同条改正により退職時証明に改められ、解雇を含む退職事由が証明書記載事項となった[16]。労働者の離退職に関する理由明示を通じて紛争防止および紛争早期解決の意味合いが込められているのである[17]。

今回労基法第22条第2項が改められ、労働者が解雇を通告された時点で、文書にて解雇理由の明示および証明を使用者に請求できることになった。厚生労働省は前改正時に退職証明書のモデル様式を用意しており[18]、今改正にあっても若干の修正を加味した同様式を準備し、監督行政として紛争の事前防止に努めるものと思われる。

さて、同条は労働者の請求に応じて使用者が離退職理由を証明するという制度構造を有する。使用者が同条に基づき労働者の解雇時に解雇理由を必ず提示するものではない。仮に労働者が解雇理由を明示するよう退職時請求を試みたとしても、使用者がどの程度解雇理由を明らかにすべきかは不明である。上記現行モデル様式も若干の具体的理由記述欄が備わるのみで、記述内容についての詳細な説示はない。労基法の効力限定性に鑑みれば、労働者の請求に対して使用者が解雇理由を明示できなかったとしても、それは労基法違反としての罰則対象に留まるゆえ、私法上直ちに解雇無効となるとの即断はできない。同様に上記1で検討した使用者の立証責任問題に直ちに関係するものでもない[19]。

---

16)　菅野和夫『労働法［第6版］』（弘文堂、2003年）457頁以下、金子征史＝西谷敏『基本法コンメンタール［第4版］労働基準法』（日本評論社、1999年）100頁以下（小宮文人）参照。
17)　平11・1・29基発44号。
18)　平11・2・19基発81号。

だが，同条の制定趣旨たる紛争事前防止，そして紛争早期解決を尊重するなら，使用者は安易に証明書記載理由以外の解雇理由を提示し追加すべきでなかろう。使用者は解雇理由を労働者に事前明示するという同条の解雇ルールに拘束される。仮に解雇訴訟にて使用者が同証明書記載以外の解雇理由を新たに主張した場合は，解雇自体の合理性および相当性を疑わせるに足る事情と判断されることになろう。[20]

3　解雇事由の就業規則掲載

労基法第89条は就業規則のいわゆる絶対的記載事項を定め，同条第3号において退職に関する事項を掲げている。今改正により，同号の退職に関する事項には解雇に関する事項が含まれる旨明らかにされた。退職という文言に解雇概念が包含されるか否かの不明が是正されたことになる。使用者が解雇事由をあらかじめ就業規則に記載し，これを職場にて労働者に向けて解雇事由を周知することで，解雇事由の不明を原因とする紛争を未然に防止しようとの制定趣旨であろう。なお国会審議にあっては，同条改正にあたり解雇事由の例示列挙が基準法上認められるのか否か，さらには例示列挙された解雇事由に抵触する解雇の私法上の効力を認めるべきかについて，政府参考人らに厳しい追及が見られたが，考え方は明らかにされていない。[21]

基準法上の効力はともかく，事前所定および周知の必要性を重視し，紛争回避ルールないし解雇ルールを策定するならば，就業規則に所定される解雇事由は限定列挙すべきものとなろう。[22] 一般的な就業規則には包括規定が備えられているゆえ限定列挙には事実上の限界があり，つまりは限定例示の区分は意味がないとの考えが実務世界で支配的のようだが，包括規定が事前の所定性や周知性，それにルール性に乏しいことは言うまでもない。[23]

---

19)　東京大学労働法研究会編『注釈労働基準法上巻』（有斐閣，2003年）335頁（野田進），岩村他・前掲注13)座談会23頁以下参照。

20)　島田・前掲注15) 7頁，金子＝西谷・前掲注16)101頁，東京大学労働法研究会編・前掲注19)335頁。

21)　前掲注6)参照。

22)　島田・前掲注15) 6頁参照。

同改正規定により，就業規則中に退職自由を包括的かつ曖昧例示的にしか規定していなかった使用者は，解雇事由をすべて記載すべき必要があるのか否かという問題が浮上する。労働者にとって解雇事由が所定され事前に情報開示されることは労働契約上の利益に該当し，これを労働条件の不利益な中途変更にあたると考える必要はない[24]。使用者にとっては解雇事由の限定列挙がその解雇権行使に対する自己制約となるが，同条の制定趣旨に従い，解雇ルールの事前明示化に努めるべきであろう。

Ⅳ 解雇ルールは雇用社会にどのような影響を与えるか？

解雇権濫用法理が明確に労基法上の規定となり，解雇を含む退職手続に関してその他若干の規定が整備された結果，制定法を担保にした解雇ルールの運用が雇用社会にて実践されることになる。解雇権濫用法理を定めた労基法18条の2は，これまでの労基法の規定とは異なり，労働条件の最低基準としての規定でも，罰則付き行政取締規定でもない。不当解雇を防止し，発生した解雇紛争を民事的に解決する労働契約ルールの一環として位置付けられる。そのルールの具体的運用，すなわち解雇の合理性及び相当性，そして立証の具体的範囲は，労働者の実際の解雇紛争過程において明確でない部分が未だ残されている。

解雇ルールを補足する情報を当事者間で共有し，同ルールの効用を最大化するシステム構築を検討する必要が今後生じよう。今改正で見送られた解雇金銭保障制度については，解雇無効確認後の継続雇用への消極的姿勢を持つ使用者団体等と規制改革論者らからの立法化圧力が見られる。その他，整理解雇法理の立法化等を含め，解雇ルールの整備課題は山積している。労働契約についての規定整備と規制改革は，依然続くと予想される。

（こんや　ひろあき）

---

23) 私法上の効力についてはなお見解の相違が確認される。例えば菅野・前掲注16）461頁以下は限定列挙説に立つ。他方山川・前掲注11）論文は，使用者の限定列挙の懈怠も解雇権濫用判断に対する一判断材料に過ぎず，直ちに私法上解雇無効を導くことは出来ないと説く。
24) 他方岩村他・前掲注13）座談会23頁以下では，個別のケースで就業規則の不利益変更に該当する可能性がある旨指摘する。

裁量労働制

勝亦啓文
(東京国際大学)

Ⅰ　は じ め に

　2003(平15)年労基法改正により，専門業務型裁量労働制と企画業務型裁量労働制のそれぞれは，若干ではあるものの導入要件が緩和された。今回の改正は，裁量労働制をめぐる議論の中でどのように位置付けられ，今後にどのような影響をもたらすのか。本稿では，裁量労働制に関する学説を概観し，裁量労働制をめぐる議論のゆくところへ若干の展望を示したい。

Ⅱ　裁量労働制の導入と拡大

　裁量労働制は，行政主導による立法が先行し，労働法学説はその後を追う形で議論を展開してきたという感が否めない。

　労基法における裁量労働制は，1987(昭62)年改正の際に，従来から存在した事業場外労働みなし制を法典化するのに併せ，新商品・技術の研究開発，情報処理システムの分析・設計，新聞放送等の取材制作等，デザイナー，プロデューサー・ディレクターの専門的5業務について，労使協定の定めにより労働時間のみなし制を導入するという形で初めて導入された。これが，こんにちの専門業務型裁量労働制へとつながっている。この時，「労働時間の算定がし難い」が故にみなし制が認められる事業場外労働と異なり，必ずしも実労働時間管理が不可能とはいえない労働についても，みなし制が導入されたことにより，結果的には，その後，ホワイトカラー労働者の労働時間規制の変容をもたらす

制度改正への第一歩が踏み出されたことになる。しかしこのような法制の展開が，この当時において予測されていたとはいい難い。この時点では，「時短」と「弾力化」が導入の基調とされていたことが指摘される[1]。

専門業務型裁量労働制導入をめぐっては，その制度趣旨の理解の差が鮮明である。渡辺は，これを労働時間算定が困難な形態の業務において時間外労働の適正な管理をおこなうための制度とみた[2]。一方で菅野は，労働の質あるいは成果による報酬制度の構築を可能とするための制度とみた[3]。裁量労働制の対象範囲や制約のあり方を考えるとき，使用者による労働時間管理義務を前提とした労働時間算定の例外的制度と考えるか，あるいはホワイトカラーに対し，時間との対応関係を外した成果主義処遇を導入するための制度と考えるかでは，その結論に大きな差が出る。導入当初から，これが明確にはなっていなかった。

一方で専門業務型裁量労働制は，制定当初の5業務に加え，1992（平4）年の労基法改正により労働大臣の指定業務が追加され，1997（平9）年にはコピーライター，公認会計士，弁護士，一級建築士，不動産鑑定士，弁理士の6業務が認められることで，その対象拡大が図られた。これは，働き方の多様化の中で，労働者の処遇が変化してきたという背景がある一方で，法規制の弾力化という要請が加わっていることに注意しなければならない。

このような状況の中，山川は，裁量労働制が労働の質や成果による評価が求められる業務を対象とするならば，労働時間のみなし制ではなく労基法41条の適用除外として設計する方が理論上は素直であるとして，裁量労働みなし制は「過渡的な存在」ではないかという視点を示した[4]。また馬渡は，裁量的労働における労働の「裁量性」と「成果の非時間比例性」を根拠に，時間算定のみなしという形の裁量労働制の「未熟な現状」を指摘し，労働時間規制の適用除外への将来的な近接ないし拡大を提言した[5]。

---

1) 吉田美喜夫「裁量労働制」『講座21世紀の労働法5』（有斐閣，2000）262頁。
2) 渡辺章『わかりやすい改正労働時間法』（1988，有斐閣）97頁。
3) 菅野和夫他『新労働時間法のすべて』（1988，有斐閣）110頁，なお東大労研『注釈労働基準法（下）』（有斐閣，2003）664頁もこの見解に立つ。
4) 山川隆一「裁量労働制の将来」ジュリ1066号（1995）192頁。
5) 馬渡淳一郎「ホワイトカラーの労働時間と法規制」神院27巻1・2号（1997）1頁。

これに対して青野は，裁量労働みなし制の導入経緯を検討したうえで，成果主義を根拠とした裁量労働制導入論を，労働者保護と，働き方の規制の必要性から批判し，立法論としてはともかく，裁量労働制は，時間算定のみなし制にとどまると強調した。また盛も，労基法による労働者の安全や健康の確保，疲労からの回復，生活時間との調和を図るという労働時間規制の目的は失われないとして，裁量労働制適用下での長時間労働への規制が欠如している法制の欠陥を指摘しつつ，裁量労働制においても適切なみなし時間設定が必要とされることを強調した。他方で画一的な労働時間規制になじまない者に対する別段の方法による規制の必要性を認め，このような者に対しては拘束時間，在社時間規制，労使協定の活用や長期有給休暇の保障等による規制で対応すべきとする方向性を示した。

このようなスタンスの違いは，裁量労働制という労働時間規制のあり方だけの問題ではなく，保原の指摘するように，労基法の労働者保護手法として新たな弾力的規制方法を認めるべきかという問題を，その根底に抱えるものであったといえるだろう。

Ⅲ　裁量労働制の拡大と議論の展開

裁量労働制拡大をめぐる議論が活発化する大きな契機となったのは，1998（平10）年の労基法改正による新裁量労働制，いわゆる企画業務型裁量労働制の導入であろう。98年改正では，旧法38条の2第④，⑤項において定められていた専門業務型裁量労働制が38条の3として独立すると同時に，企画・立案・調査・分析の業務について，「事業運営上の重要な決定が行われる事業場」に限定する要件を付したみなし制＝企画業務型裁量労働制を新設した。さらに，従来の過半数代表との協定方式ではなく，労基法においては前例のない「労使

---

6) 青野覚「ホワイトカラー労働時間管理問題と裁量労働みなし制」新報101巻9・10号（1995）391頁，「労働時間制度の規制緩和をめぐる課題」ひろば8月号（1997）25頁。
7) 盛誠吾「変形労働時間制・裁量労働制」季労183号（1997）21頁，「年俸制・裁量労働制の法的問題」労働89号（1997）53頁。
8) 保原喜志夫「労働基準法改正の動向と論点」労働法学研究会報1900号27頁。

委員会」を設置し一定の決議をおこなうことによってのみ導入できるという規制方法を導入している。

　しかしこの企画業務型裁量労働制は、労働の評価を時間から質へとシフトさせることと、ホワイトカラー層全般への裁量労働制導入を期待した経営側からは、事業場要件や対象業務の限定、導入手続の煩雑さのため、「期待はずれ」と評された。一方で労働側からも、「サービス残業」を適法化させるに過ぎないという疑念を持って迎えられた。

　労働法学でも、裁量労働制をどのような制度と位置付けるかにより評価が分かれた。

　小嶌は、企画業務型裁量労働制導入にあたっての労使委員会設置や届出手続等の煩雑さを指摘するとともに、成果主義処遇の実現のためには時間規制との切断を実現するみなし制として位置付けていく必要性があるとして、将来的課題として適用除外制度(イグゼンプション)への移行を提言した[9]。また安西も、なお残る企画業務型裁量労働制導入要件の厳しさと、行政監督の大きさを問題とし、労使自治を軽視した制度であるとして批判する[10]。ただ荒木は、企画業務型裁量労働制を、適切な時間外労働算定ではなく、労働時間の長さによらない評価を可能にする制度としたうえで、健康福祉確保措置や苦情処理制度等の手続的な規制を組み合わせた新たなセーフティーネットを構築したものとして、一定の評価を示した[11]。

　一方で、成果主義という観点からの裁量労働制拡大に反対する立場は、当然これを批判する。

　鵜飼は、ホワイトカラーの過重労働という実態的問題から、量的規制が困難であるが故に労働時間を規制することに意義があると強調し、裁量労働制の拡大そのものに反対した[12]。

　また盛は、企画業務型裁量労働制が、時間算定が困難な裁量的業務について

---

9) 小嶌典明「裁量労働と成果主義」季労185号(1998)26頁。
10) 安西愈「裁量労働制をめぐる問題点」季労189号(1999)8頁。
11) 荒木尚志「裁量労働制の展開とホワイトカラーの法規制」東社50巻3号(1999)3頁。
12) 鵜飼良明「裁量労働の拡大は許されるか」労研489号(2001)50頁。

みなし制導入を提言していたはずの中基審建議を変質させて,「業務の適切な遂行」という曖昧な理由で導入されており,労基法における労働時間規制のあり方を根本的に変えるものであると批判する[13]。ただ,これが労働時間規制の適用除外制度ではなく,労働時間のみなし制という形で導入された趣旨を踏まえて,これを労使の自主的な労働時間管理を容認する制度と位置付けた。そのうえで,使用者による長時間労働義抑止義務の存在を説き[14],2000（平12）年の労働大臣指針制定に際しての評論においても,対象労働者と業務の限定,適切なみなし時間設定がこの制度に要請されていると主張する[15]。

企画業務型裁量労働制の導入により,裁量労働制が,みなし労働時間を標準とする監督規制の枠から実質的に踏み出たことは,しかしながら,裁量労働制対象領域の拡大の当否をめぐる議論に決着をつけたわけではない。制度趣旨の争いを残したまま,その対象の拡大が進行する中で,いずれの立場においても,労働者保護のためにどのような規制を構築していくべきかが検討課題となってきた。

またこの制度で導入された労使委員会は,吉田の指摘するとおり[16],労基法の規制原理に変革をもたらす可能性を有していた。荒木は労使委員会による関与を多様化・個別化した労働者に対する労働法の保護を手続的手法により確保する可能性を開くものとして肯定的に捉えているようである[17]。しかし個別化された手続規制は,労基法の強行的規制原理と,組合を中心とした集団的規制のあり方に影響を及ぼさないわけにはいくまい。安西や新谷が指摘するように,労使委員会の機能と労組による交渉をどのように整合させるべきかという問題が生じる[18]。労使委員会が,労基法上の労使協定に替わる決議をおこなう機関という意味にとどまらず,浜村が指摘するように[19],個別労働者の労働条件形成に関

---

13) 盛誠吾「一年単位変形労働時間制・裁量労働制」労旬1430号（1998）15頁。
14) 盛誠吾「改正労働基準法」労研464号（1999）56頁。
15) 盛誠吾「新裁量労働制の要件」労旬1488号（2000）8頁。
16) 吉田前掲注1）267頁,労使委員会の性格と任務について青野覚「労使委員会」労旬1488号（2000）28頁。
17) 荒木前掲注11)33頁,労使委員会の性格と任務について青野覚「労使委員会」労旬1488号（2000）28頁。
18) 安西前掲注10)16頁,新谷眞人「労働者代表制と労使委員会」季労189号（1999）27頁。

与していく可能性もある。労使委員会の導入は，組合を中心とする交渉制度にも変容をもたらしかねない。

このような問題を伴いつつも，裁量労働制それ自体は，2001年の「規制改革推進３カ年計画」閣議決定を受けた総合規制改革会議の提言の中で，就業形態の多様化を可能とする規制改革の一環として，専門業務型裁量労働制の一層の拡大，企画業務型裁量労働制の早期見直しが示されたことにより，その拡大に対する立法圧力がさらに高まった。

こうしてまず2002（平14）年に，専門業務型裁量労働制の対象業務として，システムコンサルタント，インテリアコーディネーター，ゲームソフト開発，証券アナリスト，金融商品開発，２級建築士・木造建築士，税理士，中小企業診断士の各８業務が追加された。

盛は，専門業務型裁量労働制においては独立主体的な労働であるが故にみなし制が認められるはずであり，使用者の具体的指示や顧客等との関係で拘束が生じる可能性が高い業務が追加指定されたことは，法の委任の範囲を超えており，ホワイトカラー全般の裁量労働制に繋がりかねないとして厳しく批判した。その一方で，企画業務型裁量労働制において労働者の健康福祉が決議事項とされているのに，これが存在しない専門業務型裁量労働制の不整合性を指摘して，長時間労働防止のための措置を設け，両制度を整合させる法改正の必要性を訴えた。[20]

Ⅳ　2003年改正とその評価

2003（平15）年労基法改正では，専門業務型裁量労働制について，導入時の労使協定によって労働者の健康配慮，苦情処理措置を定めることが求められ，同時に厚生労働大臣告示により大学の研究業務が追加された。また，企画業務型裁量労働制については，対象事業場を「事業運営上の重要な決定が行なわれる事業場」とする限定要件が廃止され，本社と本店，これに類する事業場だけ

---

19) 浜村彰「労使委員会による労使協定に代わる決議」労旬1488号（2000）38頁。
20) 盛誠吾「裁量労働制」労旬1522号（2002）35頁。

ではなく，本社，本店である事業場から具体的指示を受けることなく独自に，その事業場の運営に大きな影響を及ぼす事業計画や営業計画の決定をおこなっている事業場にも導入することが可能になった。さらに，労使委員会議決にあたって「全員の合意」から，「5分の4以上の多数による議決」とすること，過半数代表による指名後再度の従業員からの信任手続の廃止，設置届の廃止等の改正がおこなわれた。もっとも対象業務自体の限定は存続しており，この改正によってホワイトカラー一般への拡大が図られたわけではない。

盛は，専門業務型裁量労働制の改正について，労働者の健康への配慮と苦情処理のための措置が協定事項とされたことに一定の評価をしつつも，企画業務型裁量労働制と対比したときに，過半数代表者に果たして実効的な機能を期待できるかとして疑問を示し，適用への労働者の同意措置が保障されなかったことを問題として指摘する。また企画業務型裁量労働制も，対象業務，労働者の限定という面で不十分であり，立法経緯に深刻な疑問があるとする[21]。加えて盛は，この改正を，経営や行政側の要求するホワイトカラー・イグゼンプション制度への近接の危険性，すなわち労働時間規制からの完全な排除をもたらすのではないかと憂慮し，労基法の労働時間規制の意義を踏まえた制度構築の必要性を主張する。

裁量労働制を労基法41条の適用除外制度にシフトさせるという方向性は，裁量労働制を成果主義処遇達成のための制度と位置付ける立場からすれば，現行法の不十分さこそあれ，それ自体は正当と評価しうるであろう。

これに対して島田は，ホワイトカラー労働に「仕事順」と「仕事量」の裁量性という区分を立て，両者が存在する労働者であれば労働時間規制の適用除外になじむが，両者が少ない場合は実労働時間規制のままでよいし，仕事順にしか裁量性を持たない者は，適切な人事評価システムと長時間労働規制をセットにして規制する必要があるとして，一律の適用除外は必ずしも適切でないとする。そして，それぞれに応じた規制方法の構築を主張するが，労働時間規制の適用除外者であっても，現行裁量労働制に応じた手続上の措置や，労働者の健

---

21) 盛誠吾「裁量労働制の要件変更」労旬1554号（2003）6頁。

康や生活と調和させるための具体的措置を講じる必要があると提言していることが注目される[22]。また川口も，成果主義とみなし制は直結しないとして，みなし制の適用には，合理的理由と実労働時間規制に代替する労働者の健康と自由時間保障等の措置を要するとし，併せて集団的規制の必要を説く[23]。

　現在の裁量労働制に対する労働法学上の議論は，「裁量労働制」が何を達成するための制度であるかという点で，なお一致を見ていない。使用者の労働時間管理義務を前提とした労働時間算定上のみなし制として捉える立場から見れば，現行制度はあまりにも無限定であるという評価になるであろう。一方で，将来的なエグゼンプション拡大への過渡形態と考える立場からは，現行制度を一歩進めた形での制度再編が求められている。もっとも後者の立場も，労働者の健康への配慮や適切なみなし時間，処遇の設定への配慮がないわけではない[24]。両者は，現行法制のどのレベルでこれを保障するのか，あるいは保障しうると考えているのかの違いにより，裁量労働制への評価を異にしているように思われる。

V　展　　望

　裁量労働制は，立法先行という事実の下，「あるべき裁量労働制」として構想する姿に違いを残したまま，その当否が議論されてきた。今回の改正は，この論争に決着をつけたわけではなく，なおその検討の必要性を高めたといえるだろう。裁量労働制を論じるためには，どのような労働者，労働を対象として実労働時間規制を残すべきなのかを確定したうえで，現行法の評価，将来的な裁量労働制構想に議論を進めるべきではないか。そのためにはやはり，労基法の労働時間規制の意義を再確認したうえでの検討が必要である。ただ，具体的問題としては，新しい就労形態のうち，具体的にどの部分について，"従来型"

---

[22]　島田陽一「ホワイトカラーの労働時間制度のあり方」労研519号（2003）4頁，なお同「裁量労働制」ジュリ1255号（2003）40頁。
[23]　川口美貴「ホワイトカラーの働き方」『転換期労働法の課題』（旬報社，2003）92頁。
[24]　裁量労働制を肯定的に評価しつつも，健康配慮義務の必要性を説く見解として，小畑文子「成果主義と労働時間管理」『成果主義人事と労働法』（日本労働研究機構，2003）173頁。

の実労働時間規制を残し，変えるべき部分においてどうやって労働者保護を図っていくかということになるであろうから，この区分と対応のあり方について，実証的研究や比較法的検討をさらに進める必要がある[25]。また企画型裁量労働制がもたらした労使委員会制度による規制方法については，労働時間規制という問題の枠を超え，労働法の規制手法としての当否という観点から別途検討を要する課題となるであろう。

(かつまた　ひろふみ)

---

[25] 裁量労働制に関する比較法研究として前掲小嶌注9)35頁，梶川敦子「アメリカにおけるホワイトカラー労働時間法制」季労99号（2002）180頁，同「アメリカ公正労働基準法におけるホワイトカラー・イグゼンプション」労研519号（2003）28頁，水町勇一郎「フランスのホワイトカラー労働時間制度」労研519号（2003）16頁，橋本陽子「ホワイトカラーの労働時間に関するドイツの法規制」労研519号（2003）23頁。

日本学術会議報告

浅倉　むつ子
（日本学術会議会員，早稲田大学）

1　第19期の発足

　日本学術会議は第18期を終え，2003年7月から第19期に入った。私は日本労働法学会の推薦を受けて，第19期学術会議会員に選ばれた。なお，河野正輝会員が日本社会保障法学会の推薦により会員に選出されたことも，あわせてご報告しておきたい。

　これまで第17期，18期の会員として6年間の任期を勤めてこられた西谷敏会員には，心から感謝申し上げたい。私は，じつは第16期から第18期まで9年間も研究連絡委員として学術会議に関わってきたが，学術会議会員の活動については，ほとんどその実態を理解していなかったと痛感した。わずか半年あまりの経験からも，会員が，総会に加えて，特別委員会，常置委員会，研連委員会など，数多くの委員会の運営に参加するために，平均して月に何日も乃木坂に「出勤」しなければならないことを知った。委員長職を複数勤められている会員のご多忙はいかばかりかと推察し，頭の下がる思いである。西谷会員は，6年の間にいくつもの責任ある委員長職をこなされたため，大阪から東京へ「通勤」を余儀なくされていたのであり，改めてそのご苦労に感じ入った次第である。

2　第19期の体制と第141回総会

　2003年7月22日に第19期の会員210名の任命が行われ，新体制が発足した。新会長は黒川清会員（第7部），人文系の副会長には，戒能通厚会員（第2部），自然系副会長には岸輝雄会員（第5部）がそれぞれ選出された。法学・政治学部会である第2部の部会長には広渡清吾会員が選ばれた。

　10月29日〜31日にかけて，秋季定例総会（第141回）が開催され，第19期活動計画が承認された。この活動計画には，「科学者コミュニティの確立と新たな文明社会の構築」というサブタイトルがついている。その趣旨は，第17期，18期を通じて議論されてきた学術会議の改革の方向を「科学者コミュニティの確立」として定式化しつつ，学術会議の審議・検討の方向を「新たな文明社会の構築」として表現したものである。

　活動計画は，具体的な検討課題として，「子どものこころ」「安全・安心な世界と

社会の構築」「循環型社会と環境問題」「若者の理科離れ問題」「大都市をめぐる課題」「人口・食料・エネルギー」「生命科学と生命倫理：21世紀の指針」「水産業・漁村の多面的機能の内容と評価」という8つのテーマを設定し，それぞれに特別委員会を立ち上げることにした。それぞれの委員会について，運営の主たる責任を負う部が指名されることになっているが，第2部は，主として「安全・安心な世界と社会の構築」を担当することになった。今後は，それぞれの委員会に7つの部から委員が参加し，総合的な検討を行い，対外報告書をとりまとめて，社会に「科学者コミュニティ」からの声を発信することになる。

また，日本学術会議には，6つの常置委員会がおかれている。「組織・制度」「学術と社会」「学術の在り方」「学術体制」「学術基盤情報」「国際協力」の6委員会であり，それぞれ所管の事項について審議・決定する。

浅倉は，「安全・安心な世界と社会の構築」特別委員会，「学術と社会」常置委員会に参加することになった。

3　2部の活動及び研究連絡委員会の発足

研究連絡委員会（研連）には，領域毎に構成される領域別研連と，課題毎に構成される課題別研連がある。

領域別研連は，前期と同様に，8つに分かれており（基礎法学，比較法学，公法学，民事法学，刑事法学，社会法学，国際関係法学，政治学），日本労働法学会は，社会法学研連に委員を推薦した。

一方，課題別研連については，第19期には若干の変化があった。

第一に，従来からあった「法学政治学教育制度」研連を拡充・強化するために，領域別研連から5つの研連委員枠を移すことにした。これまで領域別研連に推薦されていた委員のうちの5名分が，法学政治学教育制度研連に推薦されることになったのである。周知のように，2003年11月に全国の法科大学院の設置認可が発表され，今後は，法学・政治学の教育研究体制に大きな変化が生まれることは必須である。19期は，このような情勢の中で，法学・政治学の教育研究体制の変化の様相の情報収集と分析，より適切な制度設計の可能性の検討を含めて，この研連の取組を強化する予定である。

第二に，第18期に2部で成果をあげた「先端的科学情報と法」研連は，所期の目的を達成した。したがって，第19期にはこれに代えて「21世紀社会とジェンダー」研連を立ち上げることにした。なお第1部でも「ジェンダー学」研連が課題別研連として設置されたので，二つの研連がジェンダー問題に関して共同で取り組むことも予定されている。

11月25日に,第2部は,すべての研連の合同会議を開催し,研連活動を開始した。同日にはまた,各研連の第1回委員会も開催され,役員の選出と活動計画の審議が行われた。なお,日本労働法学会からは,「社会法学」研連に浜村彰委員を,課題別研連の「法学政治学教育制度」研連に和田肇委員を,それぞれ推薦した。また,浅倉は,「社会法学」研連の委員および「21世紀社会とジェンダー」研連の委員長に任命された。

4 学術会議の改革問題

日本学術会議の改革問題については,内閣府におかれている総合科学技術会議が,2003年2月26日に「日本学術会議の在り方について」という見解を発表し,内閣総理大臣に意見を具申した。この内容については,西谷会員が日本労働法学会誌101号においてすでに報告されているが,ほぼこの線にそって,2004年4月には法案が提出されるはずである。現在の段階で伝えられている改正法案の概要は,以下のとおりである。

①会員の推薦は,現在の学術研究団体からの会員候補者選定に基づく推薦制度を改め,会員が自ら会員として推薦すべき者を決定することする。新制度における初回の会員候補者推薦を行うために,臨時会員選考委員会を設ける。
②会員の任期を6年とし,3年毎にその半数を任命する。
③会員の定年は70歳とする。
④部の構成を現在の7部から3部に改める。
⑤会員と連携して学術会議の機能を担うものとして連携会員をおく。

法案が成立すれば,新しい日本学術会議は2005年秋に招集されるであろう。その点,私の任期は通常よりも短い期間になると思うが,その間,少しでも労働法学会の会員のみなさんに,学術会議の活動を知っていただけるように努力したいと考えている。

(2004年1月26日記)

◆ 日本労働法学会第106回大会記事 ◆

　日本労働法学会106回大会は，2003年11月3日（月・祝）関西大学において，「雇用政策法の基本原理——能力開発，雇用保険，公務員制度を手がかりに——」を統一テーマとして開催された（敬称略）。

1　統一テーマ「雇用政策法の基本原理——能力開発，雇用保険，公務員制度を手がかりに——」
　司会：清水敏（早稲田大学），諏訪康雄（法政大学）
「雇用政策法——労働市場における「個人」のサポートシステム」
　　森戸英幸（成蹊大学）
「雇用政策法の基本原理——職業能力開発を題材に」
　　両角道代（明治学院大学）
「雇用保険制度の再検討」
　　藤原稔弘（関西大学）
「公務員の勤務形態多様化政策と行政法・公務員法理論」
　　下井康史（新潟大学）

2　総　会
1．代表理事選挙結果について
　土田選挙管理委員長から，2003年7月の代表理事選挙の結果，浅倉むつ子会員が代表理事に選出されたことが報告された。

2．第107回大会（2004年5月）について
　土田企画委員長から，第107回大会（2004年5月）が，会場：金沢大学，日時：5月9日で開催されることが報告された。なお，テーマについては，以下のとおり。
1）　個別報告
　松本　克美（立命館大学）「安全配慮義務概念の拡張可能性——合意なき労働関係及び工事発注者の安全配慮義務論」
　高橋　賢司（立正大学）「ドイツ・現代における従業員代表の正当性の限界と可能性——従業員代表論の新たな展開」
　柏﨑　洋美（立教大学）「労働者のセクシュアル・ハラスメントに関する紛争解

決手続き——新たな位置づけの検討：カナダ法とイギリス法を中心として」

　　藤川　久昭（青山学院大学）「ニュージーランドの労使関係法制改革から何が学べるか？」

２）　ミニシンポジウム

テーマ①「企業年金の法的論点」

　　担当理事：山川理事

　　報告者　：森戸英幸（成蹊大学），河合塁（中央大学大学院）

テーマ②「企業間ネットワークと労働法」

　　担当理事：石田理事

　　報告者　：本久洋一（小樽商科大学），中内哲（北九州市立大学），紺屋博昭（弘前大学）

テーマ③「労働関係紛争処理の新潮流——労働審判制度の創設・労働委員会制度改革——」

　　担当監事：土田監事

　　報告者　：村中孝史（京都大学），豊川義明（弁護士），道幸哲也（北海道大学）

３）　特別講演

　　特別講演は行わない。

３．学会誌について

　盛編集委員長から102号の売れ行きが好調のため，現在増刷中である旨が報告された。

４．日本学術会議報告

　第19期日本学術会議会員に選出された浅倉会員から，以下の報告がなされた。

(1)　総合科学技術会議が「日本学術会議のあり方に関する最終まとめ」を採択し，現在，これに基づいて，新しい学術会議のあり方を規定する法案が政府内で準備される過程にある。

(2)　この法案によれば，現在の学協会からの会員候補者選定に基づく推薦制度を改め，現会員が次の会員を選出するという，いわゆる co-optation を基本とする方法がとられることが予想される。

(3)　第２部（法学・政治学部門）は，従来の領域別研連（社会法研連を含む８つの研連がある）に加えて，新たに，①21世紀の社会とジェンダー研連を立ち上げ，また，②法学政治学教育制度研連に研連委員を配置することにした。浅倉会員は，①の研連の委員長となった。本学会として，社会法研連委員に浜村会員を，②の

研連委員に和田会員を，それぞれ推薦した．

5．国際労働法社会保障学会について
　荒木会員から，以下の報告がなされた．
(1) 第17回世界会議が2003年9月2日から5日の日程でウルグアイのモンテビデオで行われ，規約が改正され，役員改選が承認された．
(2) 国際労働法社会保障学会の英語表記が，International Society for labour and social security law に変更された．
(3) 今後の会議の予定

6．入退会について
　山田事務局長より，退会者7名，物故会員2名，および以下の9名の新入会員が理事会において承認された旨報告がなされた（50音順，敬称略）．
　　江曽政英（株式会社労働開発研究会）
　　荻野勝彦（トヨタ自動車(株)）
　　小磯重隆（雇用・能力開発機構）
　　小平和広（小平労務管理事務所）
　　小西啓文（武蔵野大学）
　　下村幸一（株式会社労働開発研究会）
　　旅河雅一（旭川大学）
　　仲林玲子（中央大学職員）
　　楊林凱（青山学院大学大学院）

7．その他
　山田事務局長から，以下のことが報告された．
(1) 21世紀の労働法のファンドを還元する方途として，個別報告の旅費として一律5万円（但し，非専任に限る）を支給することが理事会で確認された．
(2) 今大会の終了を持って学会事務局が中央大学から明治大学へ移行し，これに伴って，会員管理等の基本的事項は学会事務センターを利用することが確認された．

◆ 日本労働法学会第107回大会案内 ◆

1　日時：2004年5月9日（日）　午前9時30分〜午後5時00分
2　場所：金沢大学
3　個別報告・ミニシンポジウムの内容（敬称略）

《個別報告》午前9時30分〜正午

　　松本　克美（立命館大学）「安全配慮義務概念の拡張可能性——合意なき労働関係及び工事発注者の安全配慮義務論」
　　高橋　賢司（立正大学）「ドイツ・現代における従業員代表の正当性の限界と可能性——従業員代表論の新たな展開」
　　柏﨑　洋美（立教大学）「労働者のセクシュアル・ハラスメントに関する紛争解決手続き——新たな位置づけの検討：カナダ法とイギリス法を中心として」
　　藤川　久昭（青山学院大学）「ニュージーランドの労使関係法制改革から何が学べるか」

《ミニシンポジウム》午後1時30分〜午後5時00分

　　第一分科会：テーマ「企業年金の法的論点」
　　　　司会　：山川隆一（慶応大学）
　　　　報告者：森戸英幸（成蹊大学），河合塁（中央大学大学院）

　　第二分科会：テーマ「企業間ネットワークと労働法」
　　　　司会　：奥田香子（京都府立大学）
　　　　報告者：本久洋一（小樽商科大学），中内哲（北九州市立大学），紺屋博昭（弘前大学）

　　第三分科会：テーマ「労働関係紛争処理の新潮流——労働審判制度の創設・労働委員会制度改革——」
　　　　司会　：土田道夫（同志社大学）
　　　　報告者：村中孝史（京都大学），豊川義明（弁護士），道幸哲也（北海道大学）

日本労働法学会規約

第1章　総　　則

第1条　本会は日本労働法学会と称する。
第2条　本会の事務所は理事会の定める所に置く。(改正, 昭和39・4・10第28回総会)

第2章　目的及び事業

第3条　本会は労働法の研究を目的とし，あわせて研究者相互の協力を促進し，内外の学会との連絡及び協力を図ることを目的とする。
第4条　本会は前条の目的を達成するため，左の事業を行なう。
　1，研究報告会の開催
　2，機関誌その他刊行物の発行
　3，内外の学会との連絡及び協力
　4，公開講演会の開催，その他本会の目的を達成するために必要な事業

第3章　会　　員

第5条　労働法を研究する者は本会の会員となることができる。
　本会に名誉会員を置くことができる。名誉会員は理事会の推薦にもとづき総会で決定する。
　(改正，昭和47・10・9第44回総会)
第6条　会員になろうとする者は会員2名の紹介により理事会の承諾を得なければならない。
第7条　会員は総会の定めるところにより会費を納めなければならない。会費を滞納した者は理事会において退会したものとみなすことができる。
第8条　会員は機関誌及び刊行物の実費配布をうけることができる。(改正，昭和40・10・12第30回総会，昭和47・10・9第44回総会)

第4章　機　　関

第9条　本会に左の役員を置く。
　1，選挙により選出された理事（選挙理事）20名及び理事会の推薦による理事（推薦理事）若干名

2，監事　2名
（改正，昭和30・5・3第10回総会，昭和34・10・12第19回総会，昭和47・10・9第44回総会）
第10条　選挙理事及び監事は左の方法により選任する。
　1，理事及び監事の選挙を実施するために選挙管理委員会をおく。選挙管理委員会は理事会の指名する若干名の委員によって構成され，互選で委員長を選ぶ。
　2，理事は任期残存の理事をのぞく本項第5号所定の資格を有する会員の中から10名を無記名5名連記の投票により選挙する。
　3，監事は無記名2名連記の投票により選挙する。
　4，第2号及び第3号の選挙は選挙管理委員会発行の所定の用紙により郵送の方法による。
　5，選挙が実施される総会に対応する前年期までに入会し同期までの会費を既に納めている者は，第2号及び第3号の選挙につき選挙権及び被選挙権を有する。
　6，選挙において同点者が生じた場合は抽せんによって当選者をきめる。
　推薦理事は全理事の同意を得て理事会が推薦し総会の追認を受ける。
　代表理事は理事会において互選し，その任期は1年半とする。
　　　（改正，昭和30・5・3第10回総会，昭和34・10・12第19回総会，昭和44・10・7第38回総会，昭和47・10・9第44回総会，昭和51・10・14第52回総会）
第11条　理事会及び監事の任期は3年とし，理事の半数は1年半ごとに改選する。但し再選を妨げない。
　補欠の理事及び監事の任期は前任者の残存期間とする。
　　（改正，昭和30・5・3第10回総会）
第12条　代表理事は本会を代表する。代表理事に故障がある場合にはその指名した他の理事が職務を代行する。
第13条　理事は理事会を組織し，会務を執行する。
第14条　監事は会計及び会務執行の状況を監査する。
第15条　理事会は委員を委嘱し会務の執行を補助させることができる。
第16条　代表理事は毎年少くとも1回会員の通常総会を招集しなければならない。
　代表理事は必要があると認めるときは何時でも臨時総会を招集することができる。総会員の5分の1以上の者が会議の目的たる事項を示して請求した時は，代表理事は臨時総会を招集しなければならない。
第17条　総会の議事は出席会員の過半数をもって決する。総会に出席しない会員は書面により他の出席会員にその議決権を委任することができる。

第5章　規約の変更

第18条　本規約の変更は総会員の5分の1以上又は理事の過半数の提案により総会出席会員の3分の2以上の賛成を得なければならない。

学会事務局所在地

　　　　〒101-8301　　東京都千代田区神田駿河台1-1明治大学研究棟1227号室
　　　　　　電話　03-3296-2333
　　　　　　e-mail　rougaku@kisc.meiji.ac.jp
　　　（事務局へのご連絡は毎週金曜日午前10時より12時までの間に願います）

SUMMARY

The Law of Employment Policies —— A System for Supporting "Individuals" in the Labor Market

Hideyuki MORITO

The "law of employment policies" refers to legislation by which the government intervenes in the labor market to lead it in a certain direction. The purpose of the intervention is to secure "freedom of movement," in other words, not to discourage individuals' will to "move" from one area to another in the labor market.

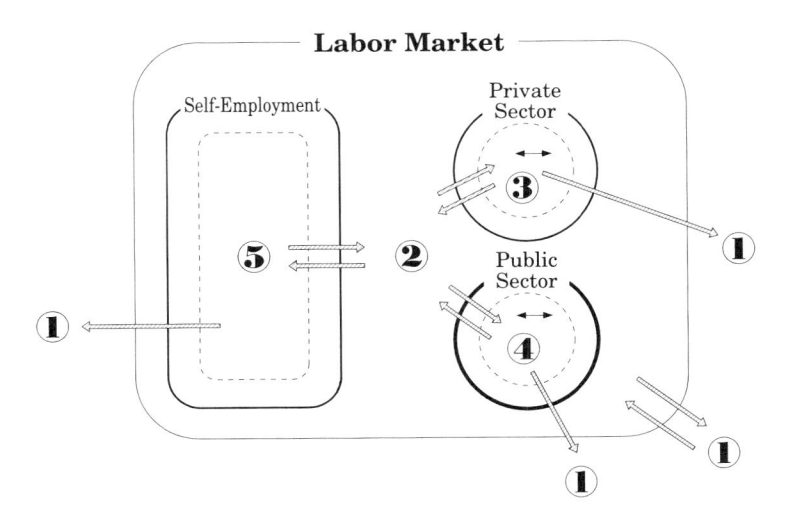

Suppose there are five areas in the labor market as shown in the chart below. Thus far, the law of employment policies has placed too much emphasis on promoting "movement" from area 2 to area 3, and "settlement" in area 3. While no one can deny the importance of employment security in the private sector, it should not be considered the only purpose of employment policy. From a viewpoint of securing "freedom of movement" in the labor market, the law of employment policies should not ignore "movement" from or to areas 4 (public sector) and 5 (self-employment sector).

From Lifetime Employment to Lifelong Education?
—— Legal Perspective on Vocational Training and Competence Development in Japan

Michiyo MOROZUMI

In Japanese labor law, vocational training and competence development have not been considered as legal rights of individual workers, but as something included in protection for "lifetime employment". The government employment policy has been focused on the maintenance of employment and promotion of internal training. Under the theory of employment contract developed by the court, the employer has almost unrestricted right to decide how to utilize and develop vocational ability of his/her employees. At the same time, the employer is responsible for the result, for dismissals because of lack of competence are permitted only in exceptional cases.

However, under recent changes in the labor market, such as decline of lifetime employment and introduction of performance pay system, the individual worker must take greater responsibility for his/her ability and competence development.

The new situation requires a set of adjustments in labor law system. Legal protection should be provided so as to the individual worker can attain possibilities to influence over the development of his/her vocational ability. Firstly, the government should provide the individual worker opportunities of continuous training and education through active labor market schemes. Secondly, on the other hands, it is important to make it clear that the employer remains to be responsible for competence development of the employees. Dismissals because of lack of competence should be restricted even for professional workers. Thirdly, the exercise of the employer's prerogative to direct and allocate work should be limited when it prevents the development of the employees' vocational ability.

La politique diversifiant des moyens de servir dans la fonction publique et la théorie du droit public

Yasushi SHIMOI

I Introduction

II Les droits positifs portant des diversification des moyens de servir dans la fonction publique
  1 Les institutions juridiques depuis les établissements des statuts généraux dans la fonction publique de l'Etat et des collectivités territoriales
  2 Les lois diversifiant des moyens de servir dans la fonction publique et accélérant des déplacements de main d'œuvre entre les secteurs public et privé
  3 Les rapports propsant les diversification des moyens de servir dans la fonction publique et les accélération des déplacements de main d'œuvre entre les secteurs public et privé
  4 Des réalités des agents publics nommés avec une durée d'un service et aux fonctions à temp incomplet

III Un problème fondamental dans le droit de la fonction publique au Japon
  1 Le système fermé et système ouvert
  2 Le long distance entre l'institution et la réalité
  3 Le distance et la politique diversifiant des moyens de servir
  4 Est-ce que une loi de la fonction publique doit etre unique ?

IV Le principe des nominations selon des capacité et le principe d'égale admissibilité aux emplois publics
  1 Le principe des nominations selon des capacité et les agents nommés avec une durée d'un service et aux fonctions à temp incomplet

 2 Le principe d'égale admissibilité aux emplois publics comme la nécessité de la Constitution

V La politique diversifiant des moyens de servir et le principe de garantie statutaire
 1 La conception du principe de garantie statutaire
 2 Le garantie statutaire et les agents nommés avec une durée d'un service aux fonctions à temp incomplet ou complet
 3 La situation du rapport 2002
 4 Un système desirable

VI Conclusion —— la nécessité de réexaminer des notions d'agent public et de la fonction publique
 1 Est-ce que les agents publics doivent etre des agents de l'Etat ou des collectivités territoriales ?
 2 Est-ce que les agents de l'Etat ou des collectivités territoriales doivent etre des agents publics ?

The Reconsideration of the Employment Insurance Legislation

Toshihiro FUJIWARA

The problem of this paper is to reconsider the employment insurance system from the basic principle. As the basic principle of the employment insurance, it thought much of the following especially. That is, it is the enriching of the safety net which is based on the constitution 27 article and so on, the exclusion of the moral hazard, the financial maintenance of the employment insurance system and the economical support for the carrier forming.

Through the considering by this paper, as the basic structure of the employment insurance system, the following, and so on, became in the clarifying.

1. The employment insurance must be the system which shares risk as much as possible by a lot of people. Therefore, the subscription condition of the part timer and the short time employee is eased as far as it is possible and moreover the official, too, should be made to join.
2. The employer and the employee must pay the premium of the employment insurance together. However, to prevent from easy personnel cut by the employer, the merit rating system should be introduced into the premium payment of the employer.
3. Because of the existence of the moral hazard, the standard of the unemployment benefits must not be reduced. Also, because it doesn't reduce the standard of the unemployment benefits, the way of calculating, too, should not be changed. The moral hazard should be dealt with by the enriching of the watch system.
4. The period of the provision of the unemployment benefits should be decided by the again getting a job difficulty and the link with the subscription period of the insurance must be avoided.

編 集 後 記

◇ 本号は，2003年11月3日（月）に関西大学で開催された第106回大会におけるシンポジウム「雇用政策法の基本原理――能力開発，雇用保険，公務員制度を手がかりに――」の報告論文を中心に編集されている。学会のシンポジウムにおいて雇用政策法が正面から取り上げられたのは，学会50周年記念シンポジウムで「労働市場と労働法」がテーマとされたことを除けば，これが最初である。また，非会員である下井康史氏には，ご専門の行政法の立場から，公務員の勤務形態多様化政策をめぐる問題についてご報告とご執筆をいただいた。

◇ 例年，秋の学会大会は10月に開催されているが，第106回大会は，都合により11月の開催となった。そのため，シンポジウム報告者には，学会報告から数えていつもより1か月ほど短い期間での執筆をお願いせざるを得なかった。執筆者のご協力に感謝したい。

◇ 本号の「回顧と展望」では，「規制改革と労働法」を統一テーマとして，2003年の労働者派遣法と労働基準法改正についてのミニ特集を組んでみた。このような「回顧と展望」のあり方について，会員の皆様のご意見をお寄せいただきたい。

◇ 本号の編集に当たっても，法律文化社編集部の秋山泰さんと田多井妃文さんのお二人にはたいへんお世話になった。心からお礼申し上げる。

(盛／記)

《編集委員会》
盛誠吾（委員長），石田眞，石井保雄，緒方桂子，表田充生，川田琢之，小西康之，佐藤敬二，武井寛，中内哲，中川純，水町勇一郎，米津孝司

雇用政策法の基本原理
――能力開発，雇用保険，公務員制度を手がかりに――
　　　　　　　　　　　　　　　　　　　日本労働法学会誌103号

2004年5月10日　印　刷
2004年5月20日　発　行

　　　　　　　　編 集 者　日 本 労 働 法 学 会
　　　　　　　　発 行 者

印刷所　株式会社 共同印刷工業　〒615-0064 京都市右京区西院久田町78
　　　　　　　　　　　　　　　　電　話　(075)313-1010

発売元　株式会社 法律文化社　〒603-8053 京都市北区上賀茂岩ヶ垣内町71
　　　　　　　　　　　　　　　電　話　(075)791-7131
　　　　　　　　　　　　　　　Ｆ Ａ Ｘ　(075)721-8400

2004 © 日本労働法学会　Printed in Japan
装丁　白沢　正
ISBN4-589-02754-2